ऊँची सोच ऊँची उड़ान

(सफलता की नई राहें)

मुरली मनोहर

ट्रू साइन

प्रकाशक : ट्रू साइन पब्लिशिंग हाउस
पता : SY.N0.21/2 & 21/3, सोननहल्ली,
कृष्णराजपुरा, बेंगलुरु, कर्नाटक - 560049 भारत
ईमेल : truesignbooks@gmail.com
वेबसाइट : www.truesign.in

ऊँची सोच ऊँची उड़ान
(सफलता की नई राहें)

लेखक: मुरली मनोहर

ISBN: 978-93-5988-937-5

संस्करण: 2023

लेखक की कलम से...

आपके हाथ में यह पुस्तक देखकर मुझे बहुत खुशी हो रही है। अगर आप सोचते हैं कि यह आपके जीवन में बदलाव लाएगी और आप आने वाले जीवन में एक अलग सोच के साथ बड़ी सफलता के लिए आगे बढ़ेंगे तो आप सही जगह पर हैं।

एक नई प्रेरक पुस्तक क्यों..?

अब तक आप किसी खास मुद्दे पर प्रेरणादायक किताबें पढ़ते आ रहे हैं, लेकिन यह सीधे आपके दैनिक जीवन से जुड़े सत्रह अलग-अलग मुद्दों का एक पैकेज है। यह केवल ज्वलंत मुद्दों को नहीं दिखाएगा, बल्कि यह सामना करने और जीत हासिल करने के लिए मार्गदर्शन करेगा। ये महान लोगों के द्वारा संघर्ष के क्षणों में सफलता के ध्वज फहराने की पूरी प्रक्रिया से आपको अवगत कराएगा, ताकि आपको उनके अनुभव से सीख मिल सके।

इस किताब को कैसे पढ़ें..?

आप सभी जानते हैं कि स्वास्थ्य सुधार का पूरा लाभ उठाने के लिए दवा लेना एक व्यवस्थित तरीका और प्रक्रिया है। उसी तरह यह पुस्तक काम करती है। सुझाए गए सुधार उपायों को लिखने के लिए इस पुस्तक को एक नोट बुक के साथ पढ़ें। यह भी सुझाव दिया जाता है कि इस पुस्तक को एक झटके में न पढ़ें। सुधार की सभी सुझाई गई गुंजाइशों को लिखते हुए एक उचित नोट के साथ विषयवार पढ़ना बेहतर है।

यह किताब कैसे काम करती है..?

इस किताब में उद्धृत कहानियां, घटनाएं, कविताएं और संस्मरण पिछले 30 सालों के अनुभव पर आधारित हैं। जो मैंने विभिन्न किताबों, सेमिनार, सोशल मीडिया, विचार गोष्ठी, पत्र-पत्रिकाओं से अर्जित किया है। उद्धृत अधिकांश घटनाएँ लाइव हैं और यह आपके वास्तविक जीवन की स्थिति से जुड़ेंगी। किताबें सिर्फ संग्रह के लिए नहीं हैं बल्कि यह जीवन को आसान

और समृद्ध बनाने के लिए हमारा मार्गदर्शन करने का माध्यम हैं। इसमें ये किताब हर तरह से सहायता करेगी।

इस किताब से आप अपने अंदर किस तरह के बदलाव की उम्मीद कर सकते हैं..?

यदि आप इस पुस्तक को दिल से पढ़ते हैं और सुझाए गए उपायों का पालन करते हैं तो यह आपके जीवन में कुछ उल्लेखनीय बदलाव लाएगा और यह आपको सफलता की राह पर ले जाएगा।सफलता की कोई एक परिभाषा नहीं है, यह हर व्यक्ति के लिए अलग-अलग होती है।किसी के लिए धन का अर्जन सफलता हो सकती है, किसी के लिए परीक्षा में पास होना सफ़लता है, किसी को शांति चाहिए, किसी को स्वास्थ्य 1 लेकिन सार्वभौमिक तथ्य यह है कि वांछित वस्तु को निश्चित समयावधि में उच्च स्तर की संतुष्टि के साथ प्राप्त करना ही सफलता कहलाता है। यह पुस्तक जीवन के प्रत्येक चरण में एक मार्गदर्शक के रूप में आपकी सहायता करेगी।

आपको शुभकामनाएं

-मुरली मनोहर

लेखक के बारे में

प्रारंभिक शिक्षा बिहार के प्रतिष्ठित संस्थान 'नेतरहाट आवासीय विद्यालय' से हुई। लेखक राष्ट्रीय प्रौद्योगिकी संस्थान, हमीरपुर (एन.आई.टी, हमीरपुर, हि.प्र.) से मैकेनिकल इंजीनियरिंग में ग्रेजुएट हैं। वर्तमान में भारत सरकार के अधीनस्थ मंत्रालय में कार्यरत हैं। वे मूल रूप से बिहार के हैं और बहुत ही संवेदनशील व्यक्ति हैं, जो दैनिक जीवन में घटित होने वाली समाज की घटनाओं को आत्मसात करते हैं। यह इनकी दूसरी पुस्तक है।

साल 2023 में इन्हें इनकी पहली पुस्तक 'शीत लहरी' के लिए GEM AWARD (GLOBAL EDUCATION MENTOR AWARD) से सम्मानित किया गया है। लेखक एक प्रेरक विचारक के रूप में सोशल मीडिया के सभी मंचों पर सक्रिय हैं। साथ ही वे कुछ राष्ट्रीय दैनिकों के लिए ब्लॉग भी लिख रहे हैं।

सोशल मीडिया के मंचों से, राष्ट्रीय दैनिकों में ब्लॉग के माध्यम से एवं विचारों से, वो लोगों में अन्त: प्रेरणा एवं आत्म विश्वास का संचार करते हैं। उनकी निम्नलिखित पंक्तियाँ लाखों लोगों के प्रेरणा का स्त्रोत बन गई। वो कहते हैं कि

"याद रखिये, शुरुआत हमेशा शून्य से होती है...!!!

शून्य अनुभव

शून्य तालियाँ

शून्य उपलब्धियाँ

शून्य प्रोत्साहन

पर साहस, उम्मीद, दृढ़संकल्प और जीत की चाह... हर शून्य को स्वर्ण पदक में बदल देती है।"

आभार

मैं आप लोगों को यह पुस्तक सौंपते हुए गौरवान्वित महसूस कर रहा हूँ। यह मात्र एक पुस्तक नहीं है बल्कि यह मेरे जीवन का एक अनुभव है, जो मैंने समाज में विभिन्न विधाओं के साथ बिताया है। आप इस पुस्तक को पढ़कर एक नवचेतना एवं अंत:प्रेरणा को महसूस कर सकते हैं जैसा कि इस किताब के नाम 'ऊँची सोच - ऊँची उड़ान' से प्रतीत होता है।

मैं अकेला इस किताब को अंजाम देने में सक्षम नहीं था। मेरी जीवन संगिनी डॉ0 प्रीति चन्द्रा, पुत्र अथर्व एवं स्पर्श ने हर कदम पर मुझे कुछ-न-कुछ प्रेरणादायक नायक की भाँति मेरा पथ प्रशस्त किया। मेरे पिता श्री देवनंदन प्रसाद यादव एवं मेरी माता श्रीमती राधिका देवी ये दोनों प्रेरणास्रोत बनकर नित मेरा मार्ग दर्शन करते रहे। आप सभी का दिल की गहराइयों से मैं आभार व्यक्त करता हूँ।

इस किताब में बतौर उदाहरण प्रस्तुत किए गए संस्मरण, कहानियाँ, कविताएँ, घटनाएँ मेरे पिछले 30 सालों के अनुभव हैं जो मैंने पत्र-पत्रिकाओं, किताबों, अखबारों, सेमिनार, विचार-संगोष्ठी अथवा सोशल मीडिया से सीखा है। ज्यादातर के स्रोत मुझे याद नहीं थे या मैंने नोट नहीं किए - उनके प्रति भी अपना आभार प्रकट करता हूँ। क्योंकि अप्रत्यक्ष रूप से उन्होंने भी इस किताब की प्रस्तुति में अपनी अमूल्य भूमिका निभाई है।

भविष्य में अगर कोई स्रोत मेरे ध्यान में लाया जाता है तो किताब के अगले संस्करण में उसके प्रति अवश्य आभार प्रकट कर, भूल सुधारी जाएगी।

आप मुझे मेरे ई-मेल पर लिख सकते हैं -

mmanohar_342@yahoo.com

सस्नेह

-आपका मुरली मनोहर

शुभकामना संदेश

"श्रद्धावान्ल्लभते ज्ञानं तत्परः संयतेन्द्रियः।

ज्ञानं लब्ध्वा परां शान्तिमचिरेणाधिगच्छति।।"

श्रीमद भगवद् गीता (चतुर्थ अध्याय, श्लोक 39)

"श्रद्धा रखने वाले मनुष्य, अपनी इन्द्रियों पर संयम रखने वाले मनुष्य, साधन परायण हो, अपनी तत्परता से ज्ञान प्राप्त करते हैं, फिर ज्ञान मिल जाने पर जल्द ही परम-शांति को प्राप्त करते हैं।" किताबों से अच्छा ज्ञान प्राप्ति का माध्यम कुछ और नहीं हो सकता। युग-युगान्तर से अच्छी किताबें प्रेरणा की स्रोत रही हैं। कहते हैं कि अगर किसी सभ्यता को मिटाना हो तो वहाँ के पुस्तकालयों से किताबें हटा लो। जैसा कि बख्तियार खिलजी ने नालंदा विश्वविद्यालय के साथ किया था।

हमने बड़े अंतर्मन से ध्यानपूर्वक इस किताब को पढ़ा और कई बार पढ़ा। एक-एक शब्द मोती हैं एवं यह महज किताब न होकर 18 अमूल्य रत्नों का संग्रहालय है। यह हर किसी के अंत:प्रेरणा को जागृत कर सफलता की आधारशिला रखने में सक्षम है। लेखक ने अपने अनुभवों से समाज की हर विधा को सहजतापूर्वक प्रस्तुत किया है।

लेखक श्री मुरली मनोहर एवं ट्रू साइन पब्लिशिंग हाउस को अद्भुत कार्य के लिए हार्दिक शुभकामनाएं।

-(माधव मुरारी)

भारतीय प्रशासनिक सेवा

अनुक्रमणिका

अध्याय - 1

सोच की गति

रामायण में महर्षि परशुराम का ज़िक्र है जो सोच की गति से भ्रमण कर सकते थे। उनके समय में उनके जैसा शायद ही कोई योद्धा हो। ऐसा कहा जाता है कि उन्होंने अपने पराक्रम से 21 बार धरती को क्षत्रियविहीन कर दिया था। आज का विज्ञान भी सोच की गति से चलायमान लड़ाकू विमान पर शोध कर रहा है। अगर यह कामयाब हो गया तो दुनिया में एक नई क्रांति आ जाएगी।

अंडे बेचने वाली लड़की

हम सभी ने अंडे बेचने वाली लड़की की कहानी पढ़ी है। वो हाथ में पाँच सौ को नोट लेकर बाज़ार जाती है और आठ दर्जन अंडे एक टोकरी में लेकर घर की तरफ रवाना हो जाती है। सर पर अंडों से भरी टोकरी रखकर, वो अपने गाँव की पगडंडी पर चल रही होती है और मन ही मन सोचती है कि इन अंडों को अच्छे से दामों पर बेचूँगी फिर मुनाफे से और अंडे खरीद कर और मुनाफा कमाऊँगी। धीरे-धीरे पैसे इकट्ठा करके एक बड़ी दुकान किराए पर लूँगी। दिन-रात मेहनत कर उस दुकान को खरीद लूँगी। अपने घर को मरम्मत कर दो-तीन कमरे रेंट पर चढ़ा दूँगी। एक-दो साल में अंडों के मुनाफे और घर के रेंट के पैसों से बड़ी चार चक्के की गाड़ी ले लूँगी। तब तक तो मेरी शादी की उम्र भी हो जाएगी। बड़ा घर और बड़ी दुकान देखकर गाँव के लड़के शादी का प्रस्ताव लेकर आएँगे। माँ-बाबूजी तो कहेंगे कि गाँव के लड़के से ही शादी कर लो पर मैं अपनी हैसियत के शहरी लड़के से ही शादी करूँगी।

माँ-बाबूजी लाख कहेंगे कि गाँव में ही शादी कर लो, ताकि हमारी नज़रों के सामने रह सको तो मैं साफ मना कर दूँगी। ना........ नहीं.....!!! करूँगी ही नहीं। यह सोचते हुए उसने जोर से सिर 'ना' में हिलाया और इस झटके से अंडों से भरी टोकरी गिर गई और सारे अंडे टूट गए। इसके साथ ही मन की उड़ान पस्त हो गई और उस लड़की के सपने चकनाचूर हो गए। वास्तव में हम सब अपने समय का अधिकतम भाग 'सोच की गति' को अनियंत्रित दिशा में छोड़ देने में व्यतीत करते हैं और अंत में कुछ भी हासिल नहीं होता। जिंदगी 'मुंगेरीलाल के हसीन सपनों' की तरह नहीं है। आप अपने घर पर हों या कार्य स्थल पर हों, सर्वप्रथम आज के कार्यक्रम की सूची बनाएँ ताकि मन और आपकी सोच आपके नियंत्रण में रहकर, सही दिशा में सकारात्मक परिणाम को जन्म दे सके। क्योंकि आपकी सोच Garbage in.... Garbage out (GIGO) पर काम करती है।

1. (i) सोच को नियंत्रित कैसे करें?

- आज के कार्यों की सूची बनाएँ।
- प्रत्येक कार्य समयावधि के अंदर संपन्न करने की चेष्टा करें।
- कार्य संपादन में हो रहे दिक्कत को समय रहते दूर करें।
- अंत में हर कार्य के सामने कार्य की स्थिति का ज़िक्र करें। जो कार्य पूरा हो गया उसके सामने सही का निशान लगा दें। अधूरे कार्य के सामने क्रॉस का निशान लगा दें एवं कार्य संपादन में हो रहे दिक्कत का ज़िक्र करें।
- अंत में एक सारांश लिखें जिसमें आज से संबंधित कोई महत्त्वपूर्ण जानकारी एवं सीख का ज़िक्र करें।

(ii) नियंत्रित सोच को सकारात्मकता का जामा दें -

- घर में या कार्यस्थल पर एक बोर्ड रखें जो हर दिन 'आज का सुविचार' प्रदर्शित करे और आप दिन भर ऊर्जावान बने रहें।
- उस बोर्ड के बगल में 'आज के महत्त्वपूर्ण कार्यों' की सूची बनाएं एवं हर कार्य के सामने समयावधि का ज़िक्र करें।

2. सोच की शक्ति -

i. सकारात्मक सोच आपको कभी भी अपनी कमियों की तरफ नहीं दिखाएगी अपितु उपलब्ध साधनों में ही जीत का रास्ता बताएगी।

ii. सकारात्मक सोच कहती है कि -

- मैं कर सकता हूँ।
- मुझे करना चाहिए।
- बहुतों ने किया है।
- मैं करके ही दम लूँगा।
- ये तो होना ही था।

iii. सकारात्मक सोच को सही गति मिल जाए तो यह विषम परिस्थितियों में भी जादू कर जाती है।

"In calm water every ship has good captain."

-Grover Cleveland

(22nd & 24th U.S. President)

iv. मैं यह नहीं कर रहा कि सही या सकारात्मक सोच आपको सफल या असफल बना सकती है। बल्कि मैं यह कहता हूँ कि सकारात्मक सोच आपको सफल बना देगी।

-नॉर्मल विन्सेंट पील

3. सोच की गति की प्रासंगिकता

रामायण में महर्षि परशुराम का ज़िक्र है जो सोच की गति से भ्रमण कर सकते थे। उनके समय में उनके जैसा शायद ही कोई योद्धा हो। ऐसा कहा जाता है कि उन्होंने अपने पराक्रम से 21 बार धरती को क्षत्रियविहीन कर दिया था। आज का विज्ञान भी सोच की गति से चलायमान लड़ाकू विमान पर शोध कर रहा है। अगर यह कामयाब हो गया तो दुनिया में एक नई क्रांति आ जाएगी। यह है सोच की गति का जादू। आप इसे ऐसे आजमाएँ -

- विपरीत परिस्थिति में सोच सकारात्मक रखें एवं मुस्कुराते हुए कहें - सब हो जाएगा।
- विषम परिस्थितियों में सफल एवं महान व्यक्तियों को याद करें कि कैसे उन्होंने हारी हुई बाजी को अपनी सोच से पलट दिया।
- 'सोच की गति' हर दिशा में, चाहे वह सही हो या गलत हो - समान रूप से चलती है। पर किसी भी क्षण आप कमजोर हो गए तो नकारात्मक सोच गलत और अप्रत्याशित परिणाम ही देती है।

एक शेर है जो पूरी तरह Positivity से ओत-प्रोत है उसे हमेशा गुनगुनाएं -

"जहाँ में एक दिन अव्वल बनूँगा,
मगर तुम आज छोड़ो, कल बनूँगा।
अभी खामोश बैठा देखते हो,
किसी दिन शहर की हलचल बनूँगा।"

-रजत 'सूद'

अध्याय - 2

सोच की असीमित शक्ति एवं संभावनाएँ

आपने अक्सर अपने कार्यस्थल पर देखा होगा कि जो जितना Dedication के साथ कार्य करता है, उसे उतना ही सुनना पड़ता है और उसे उतना ज्यादा काम भी दिया जाता है। घर-परिवार में भी जो व्यक्ति ज्यादा जिम्मेवारी उठाता है, लोगों से या घर के दूसरे सदस्यों से उसको उतना ही सुनना पड़ता है; कि आपने ये नहीं किया, वो नहीं किया, आप भुलक्कड़ हैं या आपने हमारे लिए किया ही क्या है?

आपको पता ही होगा कि जंगल का सबसे तेज भागने वाला जानवर 'चीता' है। सबसे विशालकाय हाथी है, सबसे अक्लमंद लोमड़ी, सबसे फुर्तीला बंदर है। पर क्या इसमें से कोई भी 'जंगल का राजा' है...? बेशक, आपका जवाब 'ना' में होगा। जानते हैं क्यों...? क्योंकि, आपकी स्पीड, आपका आकार, आपका फुर्तीलापन और आपकी चालाकी अपनी जगह मायने रखते हैं पर जो सर्वाधिक जरूरी है वह है 'सोच'। आपका यह हथियार अगर सकारात्मक है तो आपका पूरा व्यक्तित्व दूसरों पर भारी पड़ता है। यही सकारात्मक सोच 'शेर' को एहसास दिलाता है कि वह 'जंगल का राजा' है। और फिर उसका अस्तित्व सभी पर भारी पड़ जाता है। क्योंकि 'जंगल का राजा' वाली सोच शेर को उसकी आवाज़ की गर्जना, नाखूनों की मारक क्षमता, आँखों की रौनक और प्रहार करने की असीमित शक्ति सब दूसरों से अलग और घातक बना देती है।

बात भी सही है - अगर भगवान ने आपको इंसान के रूप में सर्वाधिक सोच वाला जीव बनाया है तो इस जीवन में सोचने की शक्ति को प्रभावशाली तरीके से उपयोग में लाना ही सही होगा।

बाज जो मुर्गी की मौत मर गया

एक बार मुर्गी के घोंसले में बाज का अंडा आ गिरा। मुर्गी को तो पहले लगा कि यह अंडा आकार में थोड़ा बड़ा है। पर, है तो अपना ही - समझकर उसको सेने लगी। समय पर अंडों से चूजे निकले। पर, एक चूजा रंग और आकार में दूसरों से भिन्न था। धीरे-धीरे समय के साथ चूजे बड़े होने लगे। एक समय वह भी आया जब चूजों को हल्के पंख निकल आए और थोड़ी समझदारी भी आ गई।

माँ घर से बाहर जाते वक्त चूजों को हिदायत दे जाती कि शोर मत करना, घर से बाहर मत जाना और हाँ, उड़ने की कोशिश तो कभी मत करना। एक दिन माँ घर से बाहर दाना चुगने गई थी तभी, चूजों ने आसमान में एक बड़े पंछी को बड़े-बड़े पंख फैलाए अथाह आसमान में उड़ते देखा। उस पक्षी को देखकर ऐसा लग रहा था मानो सारा आसमान उसी का हो और वह पक्षियों का राजा हो। वास्तव में वह एक बाज था। इधर यह नज़ारा देखकर सारे चूजे स्तब्ध थे, हैरान थे और डरे हुए थे। तभी उनमें से एक चूजा जो वास्तव में बाज का बच्चा था वह अपने पंखों को फड़फड़ाकर बोला मैं यह कर सकता हूँ। मैं भी आसमान की ऊँचाइयों को प्राप्त कर सकता हूँ, नील गगन को माप सकता हूँ। यह कहकर वह अपने घोंसले के छोर पर आ गया और पूरी ताकत के साथ उड़ने की चेष्टा करने लगा। तभी सारे चूजे भाइयों ने उसे जोर से पकड़ लिया। बड़े चूजे ने गर्दन पकड़ते हुए कहा कि - "हम मुर्गी हैं, हम उड़ने के लिए नहीं बने, ना ही स्वतंत्र विचरण कर सकते हैं। कोई भी दूसरे पक्षियों से हम अलग हैं। आसमान हमारा नहीं है, जमीन पर भी हमें बच-बचाकर अपनी जिंदगी जीना होता है। माँ भी यही रोज समझाती है।" शाम को जब माँ घर आई तो माँ ने भी यही समझाया। बल्कि मुर्गियों की सारी बिरादरी उसको यही समझाकर उसके उड़ने की ख्वाहिश पर 'ना' की मुहर लगा गई।

एक बाज जिसका पूरा आसमान था, जो ऊँचाइयाँ हासिल करने के लिए बना था और जो पक्षियों का सम्राट था वो मुर्गियों की संगत में सामान्य मौत मर गया। घर वालों ने, समाज ने और खुद ने उसको कभी उड़ने नहीं दिया।

इस कहानी के शिकार हम सब लोग हैं। जानते हैं क्यों ? आपने अक्सर कुछ लोगों को कहते सुना होगा कि -

- क्या करें, चाहते तो थे पर कर नहीं पाए।
- माँ-बाप ने सपोर्ट नहीं किया।
- पैसे की कमी थी या किसी ने बताया नहीं।
- किस्मत को मंजूर नहीं था।

- साधन की कमी थी।
- हालात सही नहीं थे।
- कोई रास्ता नहीं था।

पर कोई यह नहीं कहता कि मेरी कमी थी, मैंने खुद को तैयार नहीं किया या मैं चाहता तो कर लेता। सब नाकामयाबी का ठीकरा दूसरों के सर फोड़ते हैं। ऐसे लोग वास्तव में अपने जीवन की जरूरतों को या प्राथमिकताओं को समझ नहीं पाते और समय के धारे में बहकर किसी किनारे आ लगते हैं।

1. सकारात्मक सोच से सफलता का बीज कैसे बोएँ?

- खुद को ऊर्जावान बनाएँ, योग एवं कसरत का सहारा लें।
- सच्चे एवं शुभचिंतक तथा योग्य लोगों की टीम बनाएँ।
- 'फीडबैक' पर गौर करें एवं छोटे-छोटे फीडबैक पर भी काम करें।
- हर परिस्थिति को सामने से झेलें क्योंकि रास्ते में कई बार का उतार-चढ़ाव आपको अनुभव ही देगा और आपकी सीख एक बड़े सफलता को जन्म देगी।
- जिम्मेवारी लें एवं नेतृत्व करने की क्षमता को आत्मसात करें।
- छोटी-छोटी सफलताओं को भी महत्त्व दें एवं अपने टीम को श्रेय देना ना भूलें।

2. जिम्मेवारी लेने और उसे निभाने हेतु खुद को तैयार करें।

- समय-समय पर अपना फीडबैक लेते रहें ताकि आप अपना मूल्यांकन कर सकें।

इंदौर में एक माध्यमिक स्कूल की शिक्षिका ने एक 55 वर्षीय बुजुर्ग व्यक्ति को अपने यहाँ काम पर रखा हुआ था। वो बुजुर्ग पिछले कई सालों से घर का सारा कार्य देख रहे थे। घर के सामने ही एक टेलीफोन बूथ था जिस पर वो बुजुर्ग अक्सर जाया करते थे। बूथ का मालिक उनका अच्छा दोस्त बन चुका था। पिछले कई बार की तरह वह बुजुर्ग घर की मालकिन के काम पर जाने के बाद बूथ पर चले गए और उसी नम्बर पर कॉल किया, जिस पर वे अक्सर कॉल किया करते थे और सामने से नकारात्मक जवाब ही मिल रहा था। इस बार फिर कॉल लगाया और औपचारिकता निभाने के बाद बुजुर्ग ने पूछा कि "मैडम मैं घर का सारा कार्य तरीके से समय सीमा में कर लेता हूँ। हर तरह का भोज्य पदार्थ स्वादानुसार बना सकता हूँ। आप वर्तमान में कार्य कर रहे नौकर को जो पगार दे रहे हैं, उसके आधे पगार पर कार्य कर लूँगा।" बात खत्म होते ही सामने वाले ने कहा कि मुझे फ्री में भी काम करने वाला नौकर नहीं चाहिए। सामने से

फोन रख दिया गया। तब बूथ के मालिक ने बुजुर्ग से कहा कि बार-बार सामने से नकारात्मक जवाब ही मिलता है फिर भी आप हर दो-तीन महीने में उसको कॉल करते रहते हैं। इस पर बुजुर्ग मुस्कराए और बोले - छोटे भाई, ये और कोई नहीं बल्कि मेरी मालकिन थी। उनके ऑफिस के नम्बर पर कॉल करके मैं अपना फीडबैक लेता हूँ, अनजान बनकर। ताकि यह पता कर सकूँ कि मेरे काम से मालकिन की संतुष्टि का स्तर क्या है?

(i) जो करता है वही मरता है....!!!

आपने अक्सर अपने कार्यस्थल पर देखा होगा कि जो जितना Dedication के साथ कार्य करता है, उसे उतना ही सुनना पड़ता है और उसे उतना ज्यादा काम भी दिया जाता है। घर-परिवार में भी जो व्यक्ति ज्यादा जिम्मेवारी उठाता है, लोगों से या घर के दूसरे सदस्यों से उसको उतना ही सुनना पड़ता है; कि आपने ये नहीं किया, वो नहीं किया, आप भुलक्कड़ हैं या आपने हमारे लिए किया ही क्या है? ऐसे प्रश्नों से आप बिल्कुल ना घबराएँ क्योंकि यह आपके जिम्मेवार होने का प्रमाण-पत्र है। राष्ट्रकवि रामधारी सिंह दिनकर ने सही लिखा है :-

"नींद कहाँ उनकी आँखों में, जो धुन के मतवाले हैं?
गति की तृषा और बढ़ती, पड़ते पग में जब छाले हैं।"
"जागरूक की जय निश्चित है, हार चुके सोने वाले,
लेना अनल-किरीट भाल पर, ओ आशिक होने वाले।"

(ii) मानो तो हार, ठानो तो जीत...!!!

हनुमान की प्रबल इच्छा शक्ति

अगर आपको जीतना है तो सकारात्मक सोच के साथ छोटे बच्चों का हठ भी अपनाना होगा। मतलब कि चाहिए तो... चाहिए!!! इसको प्रबल इच्छा शक्ति बोलते हैं Strong Burning Desire.

जानते होंगे कि 'रामायण' में जब हनुमान जी लंका में माँ सीता की खोज में जाते हैं तो अशोक वाटिका में एक वृक्ष के ऊपर बैठकर माँ सीता से मिलने की तरकीब ढूँढ रहे थे। तभी वाटिका में दल-बल के साथ रावण प्रवेश करता है। सीता को धमकी देता है कि प्रणय निवेदन स्वीकार करो, वरना चंद्रहास तलवार से सर धड़ से अलग कर दिया जाएगा। साथ ही साथ वह धमकी देकर जाता है कि अगली बार फिर आएगा और तब तक सीता को अंतिम निर्णय लेने को कह जाता है। माँ सीता फूट-फूटकर रोने लगती हैं। तब वृक्ष पर बैठे हनुमान जी सोचते हैं कि कुछ तो करना होगा। रावण को दिखाना होगा कि जिस सीता को तुम हासिल करने के लिए

अथाह दु:ख दे रहे हो, उस सीता के रखवाले कैसे-कैसे लोग हैं? फिर वह ठान लेते हैं कि कुछ करना होगा और अभी करना होगा और जब अभी करना है तो चैन से नहीं बैठेंगे। फिर क्या था? पूँछ में आग लगा लिया कि जब तक पूँछ जलेगी तब तक मन में सीता का दु:ख का दृश्य कौंधता रहेगा। आगे इतिहास साक्षी है कि पूरी लंका जलकर राख हो गई। जब सपने पूरे करने हैं तो जाग जाइए क्योंकि सपनों को जब Strong Burning Desire का पंख मिलता है तो हकीकत में वो पूरे होकर दुनिया के लिए मिसाल बन जाते हैं।

याद रखें- जब आप स्वीकार कर लेते हैं, परिस्थितियों के आगे हथियार डाल देते हैं तो वास्तव में आप हार जाते हैं। वरना अगर ठान लें तो जीतने से आपको कोई रोक नहीं सकता।

अध्याय - 3

कल किसने देखा है.... की सोच से बचें...?

लक्ष्यविहीन लोग समय की नदी में मुसीबतों की लहरों से टकराते-टकराते किसी दिन गुमनामी के भँवर में समा जाते हैं। इसके विपरीत मेहनती लोग जिनकी सोच ऊँची होती है वो नई ऊँचाइयों को छूने की तरकीब ढूँढते हैं। जब आपसे कोई कहे कि कल किसने देखा है...? तो आप पूरे साहस, आत्मविश्वास और दृढ़ता से कहें कि कल गाँधी ने देखा था, ए.पी.जे. अब्दुल कलाम ने देखा था, अंबानी, अजीम प्रेमजी, टाटा, बिरला जैसे असंख्य लोगों ने देखा था।

बचपन से आज तक आपने सभी से ये सुना होगा कि कल किसने देखा है...? इसके साथ लोग तरह-तरह की दलील भी देते हैं। जैसे कि :-

- अजगर करे न चाकरी, पंक्षी करे ना काम,
दास मलूका कह गए, सबके दाता राम।
- होइहि सोइ जो राम रचि राखा।
को करि तर्क बढ़ावे साखा।।

  या

- होगी वही जो रेखा है,
कल किसने देखा है...?

पर जो लोग कल पर सब छोड़ देते हैं या कल किसने देखा...? पर भरोसा करते हैं वो वास्तव में पलायनवादी लोग हैं। वो कल का सामना करने की ना हिम्मत रखते हैं ना कल को देखना चाहते हैं। समय की नदी में मुसीबतों की लहरों से टकराते-टकराते वो किसी दिन

गुमनामी के भँवर में समा जाते हैं। इसके विपरीत मेहनती लोग जिनकी सोच ऊँची होती है वो नई ऊँचाइयों को छूने की तरकीब ढूँढते हैं। जब आपसे कोई कहे कि कल किसने देखा है... ? तो आप पूरे साहस, आत्मविश्वास और दृढ़ता से कहें कि कल गाँधी ने देखा था, ए.पी.जे. अब्दुल कलाम ने देखा था, अंबानी, अजीम प्रेमजी, टाटा, बिरला जैसे असंख्य लोगों ने देखा था। वो सब लोग जो इमारत की नींव रखते हैं वो जानते हैं कि नींव कितनी मजबूत रखी जाती है, क्योंकि उनके मन में इमारत की ऊँचाई पहले से अनुमानित होती है। आप अंग्रेजी भाषा के महान् कवि H.W. Longfellow की उन पंक्तियों को याद करें :-

"The heights by great men reached & kept,
were not attained by sudden flight,
But they, while their companions slept,
were toiling upward in the night".

आप स्वयं का उदाहरण लें: जब आपकी शादी होती है तो कुछ सपने होते हैं। फिर आप पिता बनते हैं, आपका बच्चा चलना सीखता है, दौड़ता है, स्कूल जाता है, कॉलेज जाता है। फिर आप उसे कोचिंग भेजते हैं ताकि वो मनचाही जॉब पा जाए, I.A.S. बने, I.P.S. बने आदि-आदि। ये वे फेज हैं जिसकी बुनियाद आज रखी जाती है ताकि कल सँवारा जा सके। सच कहा जाए तो आप हर रोज आज के सहारे कल देखते हैं। पर कल की खुशहाली की नींव आज रखी जाती है। गाँधी जी ने दक्षिण अफ्रीका के एक रेलवे प्लेटफॉर्म पर बंद आँखों से आज़ाद भारत का सपना देखा था। अब्दुल कलाम का बचपन काफी मुश्किलों में गुजरा। साल 1939 में, जब वे आठ साल के थे तब अपनी पढ़ाई का खर्चा निकालने के लिए वे प्लेटफार्म पर अखबार बेचा करते थे। उनकी आँखों में कल के कुछ सपने थे। वे साल 2002 में भारत के 11वें राष्ट्रपति बने, जिससे भारत को एक नई ऊर्जा मिली। अमेरिका के 16वें राष्ट्रपति अब्राहम लिंकन का सम्पूर्ण जीवन एक संघर्ष था। जिससे काफी प्रेरणा ली जा सकती है। एक गरीब परिवार में जन्म लेने वाले अब्राहम कैसे राष्ट्रपति के पद पर पहुँच गए। यह कहानी बड़ी रोचक है। राष्ट्रपति बनने से पूर्व वे दो बार सीनेट के चुनाव में असफल हुए थे। पर उन्होंने कभी हार नहीं मानी, उन्हें गिरकर संभलना आता था। क्योंकि उनकी आँखों में कल के अमेरिका का सपना था जो 51 वर्ष की उम्र में 6 नवम्बर, 1860 को 16वें राष्ट्रपति के रूप में निर्वाचित होकर पूरा हुआ। उन्होंने अपनी दूरदर्शिता से आधुनिक अमेरिका की नींव रखी, अमेरिका के सबसे बड़े संकट - गृहयुद्ध को पार लगाया, दास प्रथा का अंत किया।

याद रखें:

1. शंका करने वाले घातक होते हैं।
2. 99 प्रतिशत असफलताएँ उन लोगों के हिस्से आती हैं जो बहाना बनाने की आदत से मजबूर होते हैं - George washington
3. आशावादी लोग कल देखते हैं। निराशावादी कल किसने देखा है...? कहते हैं।
4. आशावादी कठिन परिस्थितियों में हल ढूँढ़ते हैं।
5. निराशावादी लोग आपदा से आहत हो जाते हैं जबकि आशावादी आपदा में अवसर ढूंढ़ते हैं।

सच ही है, जो लोग आज को अपनी नींव मजबूत करने में लगा देते हैं वही कल बड़ी इमारतों को जन्म देते हैं। ऐसे लोग ही कहते हैं कि -

"नहीं रहना सिमट कर चंद गलियों में सदा मुझको
मुझे नफरत दायरों से है, मुझे आकाश होना है।"

कहीं मैंने एक कविता सुनी थी जो भगवत् गीता में श्री कृष्ण के संदेश को बड़े ही सारगर्भित तरीके से प्रस्तुत करता है -

"सिर्फ कर्म तुम्हारा कल होगा...
कर्म अगर सच्चा है तो, कभी नहीं निष्फल होगा,
हर एक मेहनत का फल होगा, आज नहीं तो कल होगा।
सोना जितना तपता है, वो उतना प्रखर निखरता है,
हीरे में जितनी धार लगे, वो उतना खूब चमकता है,
लोहे में जितनी ताप लगे, वो उतनी ऊर्जा भरता है,
मिट्टी का बरतन पकता है, तब जाकर खूब खनकता है।
और हम देवों के बेटे हैं, क्यूँ सोचें? राह सरल होगा,
थोड़ा विलम्ब होगा पर, कर्म जरूर सफल होगा।"

1. अपना कल कैसे सँवारें:

- सदैव ऊर्जावान रहें। योग व प्राणायाम जरूर करें।

- सुबह नित्य क्रिया से निपटकर योग, कसरत या 3 से 4 कि.मी. पैदल चलना ना भूलें। स्वास्थ्य जीवन का आधार है और इसी पर सब जीवन तत्त्व आश्रित हैं।
- अपने जीवन की प्राथमिकताएँ सुनिश्चित करें एवं समयावधि में प्राप्त करने का जतन करें।
- अपने जीवन की सीख, मुश्किल हालातों का समाधान एवं लोगों का सहयोग सदैव याद रखें।

याद रखें- जिंदगी इतनी बड़ी नहीं कि सारी गलतियाँ खुद कर के सीखें। दूसरे की गलतियों से भी सीख लें।

2. कल की चाबी है- पीडीसीए (P.D.C.A.)

पीडीसीए की अवधारणा फ्रांसिस बेकन नामक एक अंग्रेजी दार्शनिक द्वारा विकसित की गई थी। आगे चलकर प्रबंधन सलाहकार, डॉ. विलियम डेमिंग द्वारा इस अवधारणा को सामने रखा गया।

पीडीसीए यह बतलाता है कि कल की योजना जो आप आज बना रहे हैं उसको कैसे पुख्ता और शत-प्रतिशत परिणामकारी बनाया जाए। इसको चार चरणों में ऐसे समझे :-

- **पी-PLAN (योजना)**: एक ऐसी पहल जिससे मनोवांछित परिणाम प्राप्त हों।
- **डी-Do (करो)**: पुख्ता व ठोस योजना पर कार्य करें।
- **सी-Check (जाँचों)**: यह चरण वास्तविक एवं नियोजित परिणामों का मूल्यांकन करता है। अगर परिणाम योजना के अनुरूप है तो समझो आपका कार्य अवश्य पूरा होगा। यदि नहीं, तो Do (करो) चरण में सुधार करें।
- **ए-Act (करो)**: इस चरण में, जाँच चरण के दौरान सामने आए मुद्दे, समस्याएँ और सुधार की गुंजाइश पर विचार किया जाता है। इस चरण में समस्या के मूल कारण, का विश्लेषण किया जाता है। ताकि, अगली योजना में ऐसी या ये समस्या उत्पन्न ना हों।

(i) पीडीसीए प्रोसेस से लाभ:

यह आने वाली समस्या का समाधान बताएगी। प्रबंधन के क्षेत्र में यह बड़ी कारगर साबित हुई है। अगर आप पीडीसीए पद्धति को अपनाते हैं तो आने वाली कई समस्याएँ आप तत्काल देख सकते हैं और उसका निराकरण कर सफलता का पथ प्रशस्त कर सकते हैं।

3. कल पर अमल करने योग्य कुछ कारगर व असरदार बातें:

- बीता हुआ कल एक स्वप्न है; जबकि आने वाला कल एक हकीकत है जो आप जीने वाले हैं। इसलिए जो भी विचार करना है वह आने वाले कल के लिए करें, बीते कल का नहीं।
- जीवन खुद को सँवारने का दूसरा मौका अवश्य देता है; जिसे हम कल कहते हैं।
- कल बेहतर बनाने लिए, आज कुछ अच्छा करना होगा।
- कल जो चला गया उस पर विचार व्यर्थ है। आने वाला कल अभी आया नहीं, पर हमारे पास केवल आज है। आओ आज अच्छी शुरूआत करें ताकि कल सँवर जाए और बीते कल की गलती ढँक जाए।
- बीते कल का मातम बेवकूफी है, आज की शुरूआत कल के जीवन का दर्पण है।

पत्थर जो भगवान बन गया

एक पुरानी कहानी है जिसमें एक मूर्तिकार को भगवान की मूर्ति बनाने का ऑर्डर मिलता है। वह जंगल से दो बड़े पत्थर उठा लाता है। पहले पत्थर पर जैसे ही हथौड़ी और छेनी की मार लगती है तो वह कराह उठता है। मूर्तिकार उस पत्थर से पूछता है कि क्या तुम्हें दर्द हो रहा है? वह पत्थर कराहते हुए 'हाँ' कहता है। मूर्तिकार उस पत्थर को फेंक देता है और दूसरे पत्थर पर हथौड़ी और छेनी का प्रहार शुरू कर देता है, फिर उस पत्थर से पूछता है कि क्या तुम्हें दर्द हो रहा है? तो वह पत्थर कहता है कि दर्द तो बहुत हो रहा है पर आप काम चालू रखें। कल के लिए आज कुछ कठिन समय गुजारना पड़े तो चलेगा। मूर्ति बनकर तैयार हो गई। फिर एक दिन उस मूर्ति का खरीदार भी आ गया और उसने मूर्तिकार को मुँह माँगी रकम देकर मूर्ति को साथ ले जाने लगा। तभी उसकी नज़र पहले पत्थर पर पड़ी जिसे मूर्तिकार ने फेंक दिया था। उसने मूर्तिकार से कहा कि क्या यह पत्थर भी ले लूँ? तो मूर्तिकार बोला कि भला यह आपके किस काम आएगा तो खरीदार बोला कि यह मूर्ति के पैरों में रखूँगा ताकि लोग इस पर नारियल फोड़ सकें। मंदिर में मूर्ति की स्थापना हो गई, लोग आते और मूर्ति की पूजा करते और पैर के पास के पत्थर पर नारियल फोड़ते और नारियल के प्रहार से पत्थर कराह उठता। एक दिन वह पत्थर अपने साथी पत्थर से कहता है कि दोस्त, तुम्हारी पूजा होती है, शृंगार होता है, भजन-कीर्तन होता है और मुझ पर नारियल की चोट होती है। तो भगवान के रूप में स्थापित पत्थर कहता है कि भाई, बीते कल में तुम एक चोट से घबरा गए थे, पर मैं नहीं डरा था, डटा रहा और सैकड़ों हथौड़ों की चोट से दर्द तो हुआ था पर कल सँवर रहा था, सो दर्द सह गया और आज भगवान बनकर मंदिर में स्थापित हूँ और तुम हथौड़े की चोट अगर उस रोज सह लेते तो रोज-रोज के नारियल की चोट से बच जाते।

सच है, आज अगर कठिन निर्णय लेना पड़े तो पीछे ना हटें। क्योंकि यही निर्णय कल के लिए मील का पत्थर साबित होगा। किसी जगह मैंने दीवार पर लिखा देखा था कि:

"जो पत्थर हथौड़े की चोट सह गया, वो मंदिर का शंकर,
जो टूट गया वो राह का कंकड़।"

अध्याय - 4

जनरेशन गैप की समस्या से कैसे निपटें...?

आप अपने बच्चे की तुलना, अपने साथी के बच्चे या पड़ोसियों के बच्चों से ना करें। हर व्यक्ति एक-दूसरे से अलग होता है और काबिलियत भी अलग होती है। अत: माँ-बाप अपने विचारों में खुलापन लाएँ। ठीक उसी तरह बच्चों को भी अपने परिवार के प्रति जिम्मेवारी निभानी चाहिए। आप भी अपने परिवार की तुलना अपने साथी के घर-परिवार से ना करें एवं उपलब्ध संसाधनों में ही संतुष्टि के साथ आगे बढ़ने की प्रवृत्ति रखें।

विभिन्न पीढ़ियों के लोगों को अलग-अलग समूह में रखा गया है। ताकि उम्र के पड़ाव को दायरों में रखकर समझा जा सके। वो इस प्रकार हैं -

- आज़ादी के पहले जन्मे लोगों को हम 'परंपरावादी' कहते हैं।
- आज़ादी के बाद जन्मे लोगों को 'बेबी बूमर्स' कहते हैं।
- सन् 1965 से 1980 तक जन्मे लोगों को जनरेशन 'एक्स' कहते हैं।
- सन् 1980 से 1999 तक जन्मे लोगों को जनरेशन 'वाई' कहते हैं।
- 1999 के बाद जन्मे लोगों को जनरेशन नेक्स्ट कहते हैं।

उपर्युक्त पाँच पीढ़ियों के दायरों को जनरेशन गैप कहते हैं। इनमें वैचारिक भिन्नता होती है जो निम्नलिखित कारणों से हो सकती है :-

1. भाषाई विभिन्नता
2. पारिवारिक प्रणाली

3. सामाजिक, राजनीतिक, धार्मिक विचार

4. प्रवृत्ति संबंधी

5. आदत संबंधी

इनमें से एक पीढ़ी के लोग दूसरी पीढ़ी से अलग होते हैं। पर समस्या तब पैदा होती है जब एक दूसरे के विचार टकराते हैं या उनका अहम बीच में आता है। ऐसे समय में दो लोगों में आपस समझ एवं स्वीकृति की मानसिकता का लोप होता है।

1. जनरेशन गैप ऐसे समझें:

- अंग्रेजी में एक पंक्ति कुछ यूँ हैं कि:

  "Father used to walk 20 minutes to save 20 Rupees.

  Son spends 20 Rupees to save 20 minutes."

- 40 साल पहले लोग अपने माता-पिता से विनम्रता से पेश आते थे। आज के लोग बच्चों से विनम्रता की उम्मीद नहीं कर सकते।
- पहले के लोग बच्चा चाहते थे, पर आज के लोग बच्चा होने से डरते हैं।
- पहले शादी सरल कार्य था और तलाक नामुमकिन। आज शादी मुश्किल कार्य है और तलाक अत्यंत सरल।
- पहले लोग मोटिवेटेड रहते थे। आज सब दु:खी और परेशान हैं।
- पहले एक कमाता था और सुखी सब थे। आज सब कमाते हैं और सुखी कोई नहीं।
- घर के एक सदस्य की समस्या पूरे गाँव की समस्या थी। आज शहर के लोग पड़ोसी तक को नहीं जानते।
- पहले लोग अंधेरों में रहते थे, आज अंधेरों में रखते हैं।
- पहले लोग काम के लिए भागते थे और आज पचाने के लिए।
- पहले दरवाजे पे लिखते थे - स्वागत, श्रीमान्। आज लिखते हैं - कुत्तों से सावधान।
- पहले भाई-चारा था, आज हर कोई बेसहारा है।
- पहले के बच्चे घर के बुजुर्गों को धाम भेजते थे, आज वृद्धाश्रम भेजते हैं।

2. 'जनरेशन गैप' की वजह से होने वाले टकराव से बचें:

असहनशीलता, समझदारी का अभाव, विचारों में खुलेपन का अभाव और तुरंत प्रतिक्रिया देने की प्रवृत्ति के कारण कई बार यह भयानक अंजाम को जन्म देता है। स्वभाव में लचीलापन और समझदारी का सामंजस्य लाकर आप बच्चों के साथ टकराव टाल सकते हैं। समय के साथ परिवर्तन अवश्य आता है, उसे समझें एवं अपने विचार बच्चों पर न थोपें।

बच्चों को भी समझना होगा कि उनके घर के बड़े पिछले 40-45 सालों से जिस विचारधारा पर चले आ रहे हैं और आपको, अपने परिवार को संभाला है वो काबिले तारीफ है। अचानक से वो विचारधारा न खराब हो सकती है, ना बदली जा सकती है। इसलिए आज के बच्चों को भी समय की प्रतीक्षा करनी चाहिए एवं अपनी बात बड़ों के समक्ष अदब एवं विनम्रता से रखनी चाहिए। वो बड़े एवं काबिल इंसान हैं, अपने बच्चों की बात जरूर समझेंगे।

3. टकराव कैसे टालें...?

बदलते समय के साथ विचारों की धार मोड़ने की प्रवृत्ति स्वयं जरूर धारण करें। आप लालटेन युग से 5G युग के बदलाव के साक्षी हैं और दोनों के समय का अपना महत्त्व है। अच्छा-बुरा तो हर कार्य के साथ जुड़ा है। यह आप पर निर्भर है कि आप को कब क्या स्वीकारना है और क्या नकारना है? पर फिर भी अगर टकराव टालना है तो आप इन बातों को जरूर अपनाएँ :-

i. **बहस मत करें**: आवश्यक हो तो थोड़ी देर बाद प्रतिक्रिया दें। क्योंकि तब तक आपको संभलने का मौका मिल जाएगा और सामने वाले को सोचने का। क्रोध में जवाबी कार्रवाई आक्रोश को जन्म देती है।

ii. **परिवर्तन संसार का नियम है, समझें**: समय के साथ हर चीज बदलती है तो विचार और नज़रिया भी बदलिए।

iii. **विचारों का सम्मान करें**: टकराव से बचें एवं एक दूसरे के आत्म सम्मान का ख़याल रखें। हो सके तो वाणी में सरलता एवं शालीनता लाकर अपनी बात रखें।

iv. **तकरार को प्यार से निपटाएँ**: आपने सुना होगा कि कई बार सुई भी वो कार्य कर जाती है जो तलवार नहीं कर सकती। गाँधी जी ने सत्य और अहिंसा के हथियार से अंग्रेजों के बड़े फौज को चित्त करके देश को आज़ादी दिलाई थी।

v. **पौराणिक ग्रंथ, प्रेरणादायक किताबों की सीख**: बच्चों को पौराणिक ग्रंथ जिसमें प्रेरणादायक सीख हो वो अवश्य पढ़ाएँ। बल्कि बचपन में कहानी के तौर पर या कार्टून वीडियो के रूप में सीख भरी बातें बताएँ। उन्हें बताएँ कि:

- राम जी ने कैसे पितृ वचन निभाने हेतु 14 वर्षों का वनवास सहर्ष स्वीकारा था। माँ के रूप में कैकेयी बुरी साबित हुई पर मर्यादा पुरुषोत्तम राम ने उसे भी कभी बुरा-भला नहीं कहा।
- श्रवण कुमार ने अंधे माँ-बाप को पालकी में बिठाकर सारे तीर्थों का दर्शन कराया और इतिहास में सदा-सदा के लिए आदरणीय हो गया।
- मेघनाद पिता की बात मानकर श्री राम से जा टकराया जबकि अंत समय में वो जान गया था कि राम और लक्ष्मण अवतारी पुरूष हैं, पर पिता के वचन का अनुपालन करते हुए वो मृत्यु को प्राप्त हुआ।
- परिवार में जब प्यार की पराकाष्ठा का उदय हुआ तो 'रामायण' लिखी गई और जब पारिवारिक विवाद अपने चरम पे पहुँचा तो 'महाभारत' लिखी गई।
- आप को तय करना है कि आप खुद को किस रूप में स्थापित करते हैं। याद रखें कि आप अपने पिता को जिस रूप में स्वीकार करेंगे, आपका पुत्र आने वाले समय में वही व्यवहार करेगा।
- पारिवारिक रिश्तों में सबको एक-दूसरे की ताकत बनना होगा वरना आप बिखर जाएँगे और दूसरे लोग आपका तिरस्कार ही करेंगे।
- याद रखें कि अगर कौरवों में बड़े भाई युधिष्ठिर के प्रति सम्मान होता तो महाभारत नहीं होती। मिलकर वो 105 भाई होते, पर पारिवारिक कलह में किसी का हित नहीं हुआ। सभी ने मिलकर दुनिया की सबसे बड़ी लड़ाई लड़ी और पूरे वंश का नाश कर बैठे।

vi. **तुलनात्मक विचारधारा से बचें :** आप अपने बच्चे की तुलना, अपने साथी के बच्चे या पड़ोसियों के बच्चों से ना करें। हर व्यक्ति एक-दूसरे से अलग होता है और काबिलियत भी अलग होती है।अत: माँ-बाप अपने विचारों में खुलापन लाएँ। ठीक उसी तरह बच्चों को भी अपने परिवार के प्रति जिम्मेवारी निभानी चाहिए। आप भी अपने परिवार की तुलना अपने साथी के घर-परिवार से ना करें एवं उपलब्ध संसाधनों में ही संतुष्टि के साथ आगे बढ़ने की प्रवृत्ति रखें।

vii. **'धन्यवाद', 'आपका आभार', 'शुक्रिया' जैसे शब्द कहने में झिझक न करें :**

- अपने बच्चे की छोटी-छोटी अच्छाइयों पर गौर करें एवं उसकी हर सफलता पर बधाई देना ना भूलें।

- हमेशा उत्साहवर्द्धक एवं प्रेरणादायक बातें बताएँ।
- घर पर आप अपने घर वालों के लिए सम्मानजनक व्यवहार रखें, क्योंकि आप अपने बच्चे के हीरो हैं।
- बच्चे भी पिता या माँ के द्वारा किए जा रहे प्रयास को पहचानें एवं उनका धन्यवाद करें। उन्हें एहसास दिलाएँ कि वो दुनिया के Best Parents हैं।

अध्याय - 5

जब Life में Problems आयें तो क्या करें...?

आपका जीवन एक चुंबकीय क्षेत्र उत्पन्न करता है। आप जैसा सोचेंगे, वैसा बनेंगे और वैसे ही लोग आपको मिलेंगे। एक दु:खी मनुष्य को वैसे ही लोगों का जमावड़ा मिलता है। सफल लोग सदैव, सफल एवं सकारात्मक विचार वाले लोगों से घिरे होते हैं। आप अमीर होना चाहते हैं तो बड़ा बंगला, गाड़ी, पैसा आपकी सोच होगी। फिर इसे प्राप्त करने के लिए आप मेहनत करेंगे और धीरे-धीरे सफलता पाते हुए एक दिन निश्चित ही अमीर बन जाएँगे।

हर परिस्थिति में मुस्कुराना सीखें। जिंदगी उतार-चढ़ाव का दूसरा नाम है। पर वर्तमान समय में सब जगह Negativity फैली हुई है, चाहे वो इलेक्ट्रॉनिक मीडिया हो, प्रिन्ट मीडिया हो या सोशल मीडिया। किसी से भी पूछो तो वो आपको अपने हज़ार गम बता देगा। जिंदगी परेशानी का पर्याय बन गई है। एक बार मैंने अपने साथी से पूछा था कि भाई आप सदैव मुस्कुराते रहते हैं, आपके साथ पिछले 15 वर्षों से कार्य कर रहा हूँ पर एक सेकेंड के लिए भी आपको उदास नहीं देखा तो उसने बड़ी प्रेरणादायक बात कही -

"समझो तो मौज है,

वरना समस्याएँ तो हर रोज हैं।"

सच कहें तो परेशानियां और रुकावटें जिंदा इंसान के रास्ते ही आते हैं वरना लाश के सामने से हर कोई हट जाता है। जिंदगी अगर धूप-छाँव, दिन-रात, शाम-सवेरा, अँधेरा-उजाला और सुख-दु:ख के बिना कट जाए तो बड़ा नीरस लगेगा। याद करिए कोई भी मूवी... ? क्या वो एक रस में बनी हो तो सबको अच्छी लगेगी ? अरे, सुपरहिट मूवी में मनोरंजन, मार-धाड़, एक्शन, रोमांस, ट्रेजेडी और विलेन की चालाकी, हीरो की चतुराई सब मायने रखती है।

इसलिए जीवन है तो परेशानियां भी होंगी पर डिप्रेशन में जाकर आत्महत्या करना, या टूट जाना, झल्लाना, मातम मनाना सब अल्पविकसित मानसिकता के लक्षण हैं। याद रखें जो आप पर बीत रही है वो मात्र एक क्षणिक नश्वर घटना है जो समय के साथ खत्म हो जाएगी। पर आपके द्वारा लिया गया गलत निर्णय आपको और आपके परिवार को गहरा घाव दे सकता है।

1. **हर परिस्थिति में धैर्य और शांति अपनाएँ:**

- त्वरित कार्यवाई या प्रतिक्रिया देने से बचें। दिमाग काम न करे तो एक गिलास ठंडा पानी पीकर शांति से बैठ जाएँ। कुछ समय बाद आपको घटना की तीव्रता अपने आप घटी हुई महसूस होगी।
- **विषम परिस्थिति में मन को काबू में रखे:** आवेश में आकर, अपशब्द, या तीखे, चुभने वाले शब्दों के प्रयोग से बचें। मनपसंद किताबें पढ़ें या अपना मनचाहा गीत सुनें एवं गुनगुनाएं।
- **सकारात्मक ऊर्जा उत्पन्न करें:** प्राणायाम की मुद्रा में बैठकर धीमे स्वर में 'ओम्' शब्द का उच्चारण दोहराएँ।
- **उग्र न हों:** आवेश में किसी के साथ किसी भी तरह का अप्रत्याशित व्यवहार न करें।
- **सुख की चाबी अपने पास रखें:** आप कोई रोबोट नहीं हैं जिसकी चाबी किसी और के पास है। जो दूसरे के इशारे पर चलता हो। आप जब मान लेंगे तो समस्या पहाड़ सी खड़ी हो जाएगी यदि धैर्य रखेंगे तो पतझड़ के मौसम सी निकल जाएगी। खुद को समझाएँ और नियंत्रित रखें।
- **अच्छा सोचें, बोलें एवं अच्छा व्यवहार करें:** याद रखें, आप एक दुकान हैं और जब दुकान खुलती है तब पता चलता है कि यह दुकान कोयले की है या हीरे की। ठीक उसी तरह आप का व्यवहार, आपकी वाणी ही तय करती है कि आप हीरे की खान हैं या कोयले का गोदाम। सुख में इतराएँ नहीं और दु:ख में घबराएँ नहीं।

यह वक्त निकल जाएगा

एक कहानी है जिसमें अकबर एक बार बीरबल से पूछते हैं कि बीरबल एक ऐसा वाक्य बताओ जो सुख में कहा जाए तो, दु:ख का आभास हो और दु:ख में कहा जाए तो एक सुखद एहसास हो। तब बीरबल जो वाक्य बोलते हैं वो यह कि:

"यह वक्त निकल जाएगा।"

- **अच्छी नींद लें**: परेशानी में अच्छी नींद मुश्किल है पर ध्यान लगाएँ तो यह संभव है। मन में नकारात्मक सोच आती रहती है पर कुछ समय के लिए शवासन में लेट जाएँ एवं जीवन के अच्छे पलों को याद करें। इससे एक खुशनुमा एहसास जागेगा और आपको नींद भी आ जाएगी।
- **अपने से बेहतर इंसान से मिलें**: जब व्यक्ति परेशानी में घिरा होता है तो कई बार समस्या से बाहर आने का दरवाजा उसके सामने होता है पर उसे दिखाई नहीं देता। ऐसे में अपने शुभचिंतक, समझदार मित्र या बुद्धिजीवी व्यक्ति से सलाह लेना ना भूलें।

मोक्ष की प्राप्ति का मंत्र

आप सभी ने एक कहानी सुनी होगी जिसमें एक राजा के शयनकक्ष में एक सुंदर तोता सुनहरे पिंजरे में बंद होता है। वह समझदारी की हद तक सोचता था। कई बार तो उसने अपने सलाह से राजा को मुसीबत की घड़ी से बाहर निकाला था। राजा भी उस पर जान देता था। इतना बुद्धिमान होते हुए भी वह आज तक अपनी आजादी को नहीं पा सका था। एक बार राजा के रियासत में एक बड़े पहुँचे हुए बाबा पधारे। उनके बारे में मशहूर था कि वह हर समस्या का हल चुटकियों में कर देते थे। यह बात जब राजा के कानों में पहुँची तो राजा ने उनसे मिलने की योजना बनाई। जाते समय तोते से पूछा कि- "क्यूँ भई! तुम्हें भी कोई समस्या है क्या? बोलो तो पूछ आऊँ।" तोते ने कहा कि - "महाराज! आप का दिया सबकुछ है - सोने का पिंजरा, चाँदी की कटोरी, रक्षा में तैनात ये सेना के जवान! बस मुक्ति का रास्ता पूछ लाते तो ठीक था। राजा ने 'ठीक है' यह कहकर साधु बाबा से मिलने को प्रस्थान किया।

अगले दिन तड़के जब राजा जी का शयनकक्ष में प्रवेश हुआ तो तोते ने महाराज से पूछा- "आपने मेरी मुक्ति का मार्ग बाबा से पूछा कि नहीं"

महाराज बोले कि - 'पूछा तो था, पर तुम्हारी बदनसीबी का यह सवाल सुनकर वो बेहोश होकर गिर पड़े और जवाब नहीं दे पाए।'

तोता मुस्कुराया, बोला - 'महाराज जवाब मिल गया।' इतना कहकर तोता पिंजड़े में तड़पने लगा, उसका अंत समय शायद आ गया था। कुछ समय बाद वह पिंजड़े में बेसुध पड़ा था। राजा घबरा गए और तोते को पिंजड़े से बाहर निकालकर जमीन पर लिटा दिया। फिर क्या था, तोते ने पंख फैलाए और अनंत आसमान की सैर पर निकल पड़ा। राजा हैरान था कि यह क्या हुआ। पर तोते को पता था कि साधु बाबा बेहोश नहीं हुए थे, बल्कि मुक्ति का रास्ता दिखाया था।

सच ही कहा गया है कि मुसीबत एक गहरे कुएँ की तरह है जिसमें फँसा व्यक्ति किसी बाहरी आदमी की सहायता से ही निकाला जा सकता है।

2. समस्याओं के समाधान की तकनीक: (Problem Solving Tool of the Life)

राष्ट्रकवि श्री रामधारी सिंह 'दिनकर' ने रश्मिरथी, जो उनके द्वारा रचित काव्य है, उसमें लिखा है कि:

"सच है, विपत्ति जब आती है, कायर को ही दहलाती है,

सूरमा नहीं विचलित होते, क्षण एक नहीं धीरज खोते,

विघ्नों को गले लगाते हैं, काँटों में राह बनाते हैं।"

सच है कि भरी जेब आपकी पहचान दुनिया से कराती है और खाली जेब दुनिया की पहचान आपसे कराती है। ऐसे में घबराएँ नहीं, निम्नलिखित बातों पर ध्यान रखें और समस्याओं से निजात पाएँ :-

i. **Mindset बदलिए:** Harvard University के एक प्रोफेसर ने कहा कि हमें समस्याओं को समस्या नहीं कहना चाहिए। बल्कि उन्हें 'Psychologically Enriching Experience' (तजुर्बे बढ़ाने वाले तत्त्व) बोलना चाहिए। यह दिमाग को भ्रमित करती है और समस्याओं की तीव्रता कम करती है। हमारे दिमाग में बहुत से शब्दों की व्याख्या पहले से सेट है। अगर आप से कोई कहे कि एक समस्या है तो आपका दिमाग आपको परेशान करना शुरू कर देगा कि कोई अनहोनी है, आपत्ति या विपत्ति है, कोई दु:खद समाचार है... आदि... आदि। पर जब आपको कहा जाये कि 'एक बात' है या 'एक घटना है' तब आपके दिमाग पर बहुत हल्का प्रभाव पड़ता है; जबकि बात एक ही है, बस समस्या को आपके सामने रखने का तरीका अलग है।

ii. **समस्याओं की लिस्ट बनाएँ:** कई बार आप इतने परेशान होते हैं कि गलत तरीके से और बढ़ा-चढ़ाकर समस्याओं का पहाड़ बना लेते हैं। आप की सोच कुछ यूँ हो जाती है :

1. सब मेरे पीछे पड़े हैं।
2. इतनी सारी समस्याएँ एक साथ आ गईं।
3. ये मेरे साथ ही क्यूँ होता है?
4. हर बार मैं ही इसका शिकार होता हूँ।
5. मेरा कसूर क्या था?
6. कब ये सब खत्म होगा?

7. अब क्या करूँ ?

8. मेरी किस्मत ही खराब है।

उपर्युक्त बातें जो आपके जहन में आ रही हैं, उनको एक पेपर पर लिखें और और उसके सामने मन में चल रहे संभावित जवाब को भी लिखें। आपके सामने समस्या और समाधान की लिस्ट तैयार है। आप महसूस करेंगे कि सब नियंत्रण में है और अगले 10-15 दिन में सब ठीक हो जाएगा।

iii. **Logical Strategy बनाएँ और उस पर अमल करें:** समस्या आई है तो कहीं से शुरूआत हुई होगी, कोई गलती हुई होगी या किसी कार्य का परिणाम होगा। इन बातों पर ध्यान दें। समस्या की समूल समीक्षा (Root Cause Analysis) करें ताकि भविष्य में यह समस्या दोबारा जन्म न लें।

iv. **शुभचिंतकों से सलाह लें:** अच्छे सोच वाले, सकारात्मक विचार वाले और ऊर्जावान लोगों से पहचान बनाएँ। ऐसे लोग मुसीबत में संयमित रहकर आपको सही दिशा बताएँगे ताकि संकट की स्थिति से आप पार पा जाएँ।

v. **आकर्षण के सिद्धांत (Law of Attraction) पर काम करें:** आपका जीवन एक चुंबकीय क्षेत्र उत्पन्न करता है। आप जैसा सोचेंगे, वैसा बनेंगे और वैसे ही लोग आपको मिलेंगे। एक दु:खी मनुष्य को वैसे ही लोगों का जमावड़ा मिलता है। सफल लोग सदैव, सफल एवं सकारात्मक विचार वाले लोगों से घिरे होते हैं। आप अमीर होना चाहते हैं तो बड़ा बंगला, गाड़ी, पैसा आपकी सोच होगी। फिर इसे प्राप्त करने के लिए आप मेहनत करेंगे और धीरे-धीरे सफलता पाते हुए एक दिन निश्चित ही अमीर बन जाएँगे।

आप जो भी Life में चाहते हैं, उसे पूरी शिद्दत से चाहें और उस पर काम करें। आप पाएंगे कि Universe की पूरी शक्ति उस ख्वाहिश को पूरा करने की साजिश में आपका साथ देने लगेगी। एक फिल्म का बड़ा फेमस डायलॉग है,

"इतनी शिद्दत से मैंने तुम्हें पाने की कोशिश की है,

कि हर जर्रे ने मुझे तुमसे मिलाने की साजिश की है।"

कहते हैं कि अगर किसी चीज को दिल से चाहो तो पूरी कायनात उससे तुमसे मिलाने की कोशिश करती है।

vi. **दुर्भाग्य के शिकार (Unfortunate) लोगों के बार में सोचें:** कभी मन में आए कि मैं सर्वाधिक परेशान, दु:खी या अभावग्रस्त इंसान हूँ तो किसी अस्पताल जाकर देखें

कि कितने दु:खी लोग वहाँ आप जैसा स्वस्थ शरीर पाने के लिए दिन-रात भगवान से प्रार्थना कर रहे हैं। कोई कैंसर ग्रस्त है, किसी का शरीर जल गया है, किसी की जान बचाने के लिए हाथ-पैर काटने पड़ गए, कोई दुर्घटना में पूरा परिवार खो बैठा, किसी ने तो ट्रक के नीचे आकर जान ही गँवा दी। आप सचमुच में धनी हैं कि स्वास्थ्य धन आपके पास है। बाकी तो समस्याएँ आती-जाती रहती हैं।

खरगोश की आत्महत्या

कहते हैं कि एक बार जंगल के जीवन से ऊबकर खरगोश ने अपनी जीवन लीला समाप्त करने की ठान ली। उसका मानना था कि वह दुनिया में आया ही क्यों? उसका जीवन हर पल संघर्षमय है। जंगल के हर जीवों से उसे भय है। शेर आए तो छिप जाओ, बंदर, भालू, हाथी, घोड़े और तो और बाज, चील, कौवे भी आयें तो जीवन बचाने हेतु छिपना पड़ता है। यही सोचकर जंगल के तालाब की ओर वो डूब मरने को जा रहा था। जैसे ही तालाब के पास पहुँचा, उसने देखा कि हजारों छोटे-छोटे मेंढक पानी में कूद पड़े, मछलियाँ भागने लगीं, पक्षी पेड़ों की तरफ उड़ चलें, छोटे कीड़े-मकोड़े खरगोश को देखकर भागने लगे। आज खरगोश को एहसास हुआ कि वो छोटा नहीं है, कमजोर नहीं है और असहाय तो बिलकुल नहीं।

तात्पर्य यह है कि आप हर स्थिति में बेहतर हैं। अपना मूल्यांकन अभावग्रस्त, बीमार, पीड़ित, शोषित, अशिक्षित लोगों से करके देखें तो आप भगवान को धन्यवाद देंगे।

vii. **ब्रहमांड के प्रति एहसान जरूर प्रदर्शित करें**: हम नित-प्रतिदिन भगवान से सिर्फ माँगते रहते हैं। जबकि भगवान बिना माँगे हमें जीवन तत्त्व : ऑक्सीजन, जल, वायु देते हैं। इसके अतिरिक्त अनगिनत पेड़-पौधों से हमें फल-फूल, हरी शाक-सब्जी मिलती हैं। प्राकृतिक दृश्य जो मन को भा जाते हैं। पर हम इन सब बातों के लिए भगवान का कभी एहसान नहीं मानते बल्कि जब भी मन चाहे अपनी 50 Demands रख देते हैं। आपको उस भगवान का धन्यवाद करना नहीं भूलना चाहिए। हर उस व्यक्ति का एहसान व्यक्त करें जो जीवन में किसी भी क्षण आपके काम आया हो। यह आप में सकारात्मक ऊर्जा का कारण बनेगा और आप प्रसन्नता से उस भगवान से अपनी बात रख पाएँगे।

viii. **महान् लोगों का जीवन: विषम परिस्थिति में संयम ही जीत का स्रोत है**: आप विषम व जटिल परिस्थिति में संयम न खोयें बल्कि उन लोगों से सीख लें जो संकट को हँस कर झेल गए और इतिहास के पन्नों पर अमर हो गए। हिन्दू धर्म की एक

पौराणिक कथा है जिसमें राजा बलि की दान वीरता पूरे जगत् में प्रसिद्ध थी। उनके दरवाजे से कोई भी ब्राह्मण कभी खाली हाथ लौटकर नहीं गया था। जो भी आता वो मुँह माँगा धन, दौलत, जमीन, जायदाद और ऐश्वर्य की सारी सामग्री लेकर जाता। एक बार उसकी इस दानवीरता की परीक्षा लेने हेतु श्री विष्णु वामन अवतार में धरती पर अवतरित हुए। उन्होंने एक बौने ब्राह्मण का वेष धर राजा बलि के दरवाजे पर भिक्षा की याचना की। जब राजा बलि भिक्षा देने जा रहे थे तो उनके गुरु जो अपने तप की शक्ति से सत्य जान चुके थे, वो बोले कि हे राजन! भिक्षा देने मत जाओ, क्योंकि भगवान विष्णु स्वयं वामन वेष में तुमसे छल करने आए हैं, पर यह सत्य जानकर भी राजा बलि पीछे नहीं हटे और भगवान विष्णु को तीन पग भूमि देने को राजी हो गए। जिसमें पहले पग में विष्णु जी ने धरती-पाताल माप लिया। दूसरे पग में सारा ब्रह्मांड माप लिया और तीसरे पग में राजा बलि ने अपने शरीर को मापने को कह दिया। इस तरह से राजा बलि सबकुछ गँवा बैठे जबकि जानते थे कि यह सब छल है। महान् लोगों की यह वचनबद्धता, दृढ़-संकल्प और समर्पण उनको इतिहास में अमर बना देता है।

दानवीर कर्ण ने तो शरीर से जुड़ा उनका रक्षा कवच ही भगवान इन्द्र को दान कर दिया था, जबकि उनको भी अपने साथ हो रहे छल का पता था।

महान लोगों का संयम, आत्म-समर्पण, दृढ़-संकल्प एवं वचनबद्धता विषम परिस्थितियों में अमोघ अस्त्र का काम करता है, जो हम लोगों को प्रेरणा देता है।

ix. **Logo Therapy अपनाएँ:** इस तकनीक का इज़ाद Victor Frank नाम के Psychologist ने किया था। उनका कहना था कि विषम परिस्थिति में मुख्य समस्या से छुटकारा पाने के लिए आप एक Goal बना लें जो कि आपकी Hobby हो सकती है या ख्वाहिश हो सकती है। अब उसे पूरी लगन और जी-जान से पूरा करने की कोशिश करें। फिर देखेंगे मुख्य समस्या कहीं खो सी जाएगी और आप Goal को ही अपना समय देने लगेंगे। बचपन में हमारे माँ-पिताजी इसी तकनीक का सहारा लेते थे और हम मान जाते थे।

हमें चाँद चाहिए था तो थाल में पानी भरकर चाँद के प्रतिबिम्ब को कहते थे कि लो तुम्हारी थाली में चाँद आ गया। इस तरह से वो मुख्य मुद्दे से हमारा ध्यान हटा देते थे।

छोटे बच्चों को डॉक्टर्स इंजेक्शन देते वक्त उनसे तरह-तरह के सवाल पूछते हैं या हाथ में खिलौने थमाकर उनका ध्यान भटका देते हैं और अपना काम पूरा कर लेते हैं।

आप ज्यादा परेशान हैं - डिप्रेशन में हैं तो थोड़े समय के लिए सबकुछ भूलकर अच्छे वातावरण में जाएँ, ऊर्जावान लोगों से मिलें, मनपसंद संगीत सुनें, पुरानी ख्वाहिश जो अधूरी रह गई हो उसे पूरी करें। किसी ने कहा है कि:

"धूप खुली है, खुली हवा है।
सौ रोगों की एक दवा है।"

निदा फ़ाज़ली का एक शेर है कि:

"हर तरफ हर जगह, बेशुमार आदमी,
फिर भी तन्हाइयों का शिकार आदमी।
सुबह से शाम तक बोझ ढोता हुआ,
अपनी ही लाश का खुद मज़ार आदमी।"

तात्पर्य यह है कि जिंदगी की भाग-दौड़ कभी खत्म नहीं होने वाली। आप अपनी क्षमता, हैसियत और आवश्यकता से ज्यादा भागेंगे तो थकना लाज़मी है। खुद की सेवा, देख-भाल और ख्वाहिशों के लिए समय अवश्य निकालें। समस्या, समय की तरह होती है जो आकर चली जाती है, पर आपका स्वास्थ्य अनमोल है। ये एक बार गया तो मुश्किल से लौटता है। राष्ट्रकवि रामधारी सिंह 'दिनकर' ने सही लिखा है कि -

"पत्थर-सी हो मांस-पेशियां, लोहे-से भुजदंड अभय,
नस-नस में हो लहर आग की, तभी जवानी पाती जय।"

अध्याय - 6

व्यक्तित्व का विकास कैसे करें ?

वास्तव में फिल्मों के हीरो देश की एक बड़ी आबादी के चहेते होते हैं। यही कारण है कि ये लोग संसद सदस्य भी बन जाते हैं, जबकि इनका राजनीतिक ज्ञान शून्य होता है। फिल्मों में हीरो का व्यक्तित्व ही ऐसा दिखाया जाता है कि वो हर दर्शक को छू जाता है और हर कोई उसके चलने की स्टाइल, बोलने का ढंग, आत्म-विश्वास, दृढ़-निश्चयी व्यवहार को पसंद करता है और वैसा ही बनना चाहता है। भारत में बड़े स्टार की मिमिक्री करके बहुत से लोग बड़े लोकप्रिय भी हो गए।

"जो आपके पास है, जो आप हैं - आपका Look, आपकी Personality, आपके सोचने का तरीका - सब Unique है। पूरी दुनिया में कोई और आपके जैसा नहीं है; तो इसका लाभ उठाइए।"

-Jack Lord

खुद वैसे बनिए, जैसे लोगों से आप मिलना चाहते हैं।

-संदीप माहेश्वरी

किसी व्यक्ति का व्यक्तित्व उसी तरह है, जैसे एक फूल के लिए उसकी सुगंध है।

-Charles M. Schwab

वास्तव में व्यक्तित्व एक ऐसा परिधान है जो आपको पूरी भीड़ से अलग करता है और आपको एक विशेष शख्सियत का ओहदा देता है। कुछ लोग होते है। जो आपसे मिलते हैं तो आपके दिल पर एक छाप छोड़ जाते हैं। उनके मिलने का तरीका, मुस्कान, Handshake, उनकी Body language, उनकी चाल, बात करने की अदा सब एक जादू की तरह होती है। एक सेमिनार में मैंने एक अच्छे वक्ता के मुँह से एक बड़ी बात सुनी थी कि -

"काम करो ऐसा कि पहचान बन जाए,

हर कदम रखो ऐसा कि निशान बन जाए,

यहाँ जिंदगी तो हर कोई काट लेता है,

जिंदगी जियो इस कदर कि मिसाल बन जाए।"

सच कहें तो यह वो चुंबकीय क्षेत्र पैदा करता है जिसके प्रभाव में आकर लोग सम्मोहित हो जाते हैं। ऐसे ही लोगों के साथ भीड़ चला करती है।

महात्मा गाँधी, नेल्सन मंडेला, अब्राहम लिंकन, भीम राव अम्बेडकर, सब महानतम व्यक्तित्व थे; तभी पूरी दुनिया में उनके नाम का डंका बजता है। महात्मा गाँधी और नेल्सन मंडेला ने तो बिना हथियार के एक क्रांति को जन्म दिया और अपने-अपने देशों में एक नए युग की शुरूआत की। अहिंसा का यह प्रयोग उनको उस सदी के महानायक के रूप में स्थापित कर गया। अब्राहम लिंकन अपनी दूरदर्शिता से अमेरिका के 16वें राष्ट्रपति बने एवं दास प्रथा का अन्त किया। अमेरिका के गृह-युद्ध में अपनी भूमिका निभाई और देश हित को सर्वोपरि रखा। डॉ. भीमराव अम्बेडकर अति साधारण परिवार से आकर शिक्षा को अपना हथियार बनाया और एक महान् शिक्षाविद् बने। ये ही नहीं, उन्होंने भारतीय संविधान बनाने में अपना अग्रणी सहयोग दिया और आधुनिक युग के 'मनु' बन गए।

i. बातें जो व्यक्तित्व में चार चाँद लगाती हैं:

- आत्म विश्वास
- सकारात्मक सोच
- शिष्टाचार
- स्पष्टता और मिठास
- हँसमुख व्यवहार
- सरलता
- सादगी

ii. मुस्कान वाले हथियार का प्रयोग करें:

- गले मिलते समय
- हाथ मिलाते समय

- वार्तालाप करते समय
- आक्षेप का सामना करते समय
- किसी की सहायता करते समय

iii. बातें जो आपको छोड़ देनी चाहिए:

- गलत लोगों की संगति
- नकारात्मकता
- संकुचित सोच
- आलस्य
- व्यभिचार
- क्रोध

iv. इन बातों पर तत्काल ध्यान दें:

- बॉडी लैंग्वेज
- वेष-भूषा एवं परिधान
- अपने आप को बेहतर प्रदर्शित करें
- प्रेरणादायक बनें।
- नेतृत्व क्षमता
- नैतिकता

v. व्यक्तित्व को निखारने वाले 'नौ रत्न'

- स्वयं से प्यार करें
- दूसरों की तारीफ करें
- अपनी खामियों और कमजोरियों पर ध्यान दें
- सामाजिक एवं नैतिक बनें
- प्रेरणादायक बनें
- नए एवं प्रबुद्ध लोगों से मिलें

- दृढ़निश्चयी बनें
- खुद में परिवर्तन लाएँ
- विनम्र एवं उदार बनें।

ड्रेवर के अनुसार- व्यक्तित्व शब्द का प्रयोग, व्यक्ति के शारीरिक, मानसिक, नैतिक और सामाजिक गुणों के सुसंगठित और गत्यात्मक संगठन के लिए किया जाता है, जिसे वह अन्य व्यक्तियों के साथ अपने सामाजिक जीवन के आदान-प्रदान में व्यक्त करता है।

डेशिल ने कहा कि- व्यक्तित्व व्यक्ति के संगठित व्यवहार का सम्पूर्ण चित्र होता है।

खुद की नकल

वास्तव में फिल्मों के हीरो देश की एक बड़ी आबादी के चहेते होते हैं। यही कारण है कि ये लोग संसद सदस्य भी बन जाते हैं, जबकि इनका राजनीतिक ज्ञान शून्य होता है। फिल्मों में हीरो का व्यक्तित्व ही ऐसा दिखाया जाता है कि वो हर दर्शक को छू जाता है और हर कोई उसके चलने की स्टाइल, बोलने का ढंग, आत्म-विश्वास, दृढ़-निश्चयी व्यवहार को पसंद करता है और वैसा ही बनना चाहता है। भारत में बड़े स्टार की मिमिक्री करके बहुत से लोग बड़े लोकप्रिय भी हो गए। इस विषय में एक सच्ची घटना सुनाता हूँ। जो आस्ट्रेलियन न्यूज पेपर 'द अल्बानी एडवटाइजर' में सन् 1921 में प्रकाशित हुआ था। उसके अनुसार, एक बार कैलिफोर्निया में 'Chaplin Look-Alike Contest' का आयोजन किया गया। इसमें उस समय के 40 कलाकारों ने भाग लिया था। अपना नाम बदलकर Chaplin भी भाग ले रहे थे। यह उनके जीवन का ऐतिहासिक क्षण बन गया जब वो अपनी ही कॉपी करने में नाकाम रहे और इस प्रतियोगिता में 27वें रैंक पर आए। इसका मतलब 26 लोगों ने Chaplin से भी बेहतर उनकी नकल करके सबको चौंका दिया।"

तात्पर्य यह है कि आपका व्यक्तित्व दुनिया के लिए मिसाल बन जाता है और लोग आपकी तरह बनना और दिखना चाहते हैं। ऐसा होता है - व्यक्तित्व का चमत्कार।

vi. व्यक्तित्व के प्रधान गुण:

वुडवर्थ के अनुसार जो आपके व्यक्तित्व के प्रधान गुण होने चाहिए, उनमें से कुछ इस प्रकार हैं:

- प्रसन्नचित्त, मिलनसार
- बुद्धिमान, विश्वसनीय

- शान्त, सामाजिक
- भावुक, कोमल हृदय
- साहसी एवं चिन्तारहित
- तेज-तर्रार
- मैत्रीपूर्ण व्यवहार वाला
- यथार्थवादी
- उत्तरदायी एवं परिश्रमी
- आत्म गौरवशाली

vii. व्यक्तित्व विकास के लिए अनमोल विचार:

- किसी की नकल मत करो,
  बल्कि खुद पर भरोसा करो,
  और खुद को सफल बनाओ।
- अपने खिलाफ बातों को ध्यान से सुनो,
  और जवाब देने का जिम्मा समय पर छोड़ दो।
- भीड़ का हिस्सा मत बनो, ये साहस तो देती है पर पहचान छीन लेती हैं।
- जिसकी सोच बड़ी होती है, उसका व्यक्तित्व प्रभावशाली होता है।
- किस्मत पर भरोसा और हाथ की लकीरों पर ज्यादा यकीन नहीं करें, क्योंकि किस्मत तो उनकी भी होती है जिनके हाथ नहीं होते।
- मेहनत इतनी शांति से करो कि सफलता शोर मचा दे।
- परेशानियों और विपदाओं से घबराएँ नहीं, ये आपके व्यक्तित्व को निखारने वाले यंत्र हैं।

अध्याय - 7

आगे रहें और आगे की सोच विकसित करें

सच कहा जाए तो आपकी सोच आपके सम्पूर्ण व्यक्तित्व को प्रभावित करती है। एक प्रयोग में ऐसा देखा गया है कि एक छोटे बच्चे को पहली बार टॉफी दिया जाए तो वह उसे मुँह में लेकर उसके स्वाद के अनुसार अपनी प्रतिक्रिया देता है - जैसे चेहरे पर हँसी व खुशी का भाव आना, मुँह से लार टपकना और मस्ती में झूमना। ऐसा पूरे एक सप्ताह किया गया और एक दिन टॉफी खाने को नहीं दिया गया, बस दिखाया भर गया। अब बच्चे की सोच ने पूरे शरीर में परिवर्तन लाना शुरू कर दिया, फलस्वरूप मुँह से लार टपकने लगा एवं उसने खुशी से हाथ-पैर चलाना शुरू कर दिया।

दुनिया में हर साल लाखों लोग पैदा होते हैं और भीड़ का हिस्सा बनकर कहीं खो से जाते हैं। आप अपने देश की क्रिकेट टीम, जो अपने देश के लिए खेलती है, उसमें शामिल होने के लिए प्रयास करते हैं। पर मौका सर्वश्रेष्ठ 11 लोगों को ही मिलता है। भारत की वर्तमान आबादी 135+ करोड़ है और देश के लिए क्रिकेट खेलने का मौका सिर्फ 11 लोगों को ही मिलता है। समझ सकते हैं कि प्रतियोगिता का स्तर कितना ऊपर है। मतलब स्पष्ट है कि आपको सर्वश्रेष्ठ नहीं, सर्वोत्तम बनना होगा। इसके लिए आपको बेहतर तैयारी और आगे की सोच का सहारा लेना होगा। इसके लिए लगातार और अथक प्रयास करना होगा। इंग्लिश के बड़े कवि Robert Frost ने लिखा है कि -

"The Woods are lovely, dark and deep,

But I have promises to keep,

and miles to go before I sleep"

इसी को हिन्दी के बड़े कवि श्री हरिवंश राय 'बच्चन' ने इस तरह कहा था कि:

"सघन, गहन, मनमोहक वन-तरू, मुझको आज बुलाते हैं।
किन्तु किए जो वादे हमने, याद हमें आ जाते हैं।
अभी कहाँ आराम बदा, यह मूक निमंत्रण छलना है,
अरे अभी तो मीलों मुझको, मीलों मुझको चलना है।"

स्पष्ट है कि आगे जाना है, पास नहीं दूर तक जाना है तो तैयारी भी पहले शुरू करनी होगी। आप रोज देखते हैं कि पूरी दुनिया सोती रहती है पर सूरज समय पर आना नहीं भूलता।

याद रखें: आपको सही समय पर ही जागना है यह जरुरी नहीं, बल्कि जब आप जागें तो सही समय शुरू होता हो।

1. आगे की सोच को साकार करें:

अगर आपको सभी से आगे रहना है तो निम्नलिखित बातों पर ध्यान दें-

- **जल्दी सोने और समय पर जागने की आदत डालें**: कुछ लोगों को देखा होगा कि रोज रूटीन बनाते हैं कि कल जल्दी उठना है, पूजा करनी है, पढ़ना है आदि-आदि। पर वो ये कर नहीं पाते।

  अंग्रेजी में एक कहावत है कि "Early to bed and early to rise, makes a man healthy, wealthy and wise."

  अर्थात् रात को जल्दी सोना और सुबह जल्दी उठना किसी व्यक्ति को सेहतमंद, धनी और बुद्धिमान बनाता है। यूनिवर्सिटी ऑफ़ कैलिफोर्निया, के साइकॉलोजी डिपार्टमेंट के रिसर्च के मुताबिक जो बच्चे रात में 11:30 बजे के बाद बिस्तर पर जाते हैं, स्कूल में उनका ग्रेड बेहद खराब होता है। साथ ही देर से सोने और सुबह देर से उठने की वजह से उनकी दिनचर्या भी अस्त-व्यस्त होती है। अन्त में वो चिड़चिड़े इंसान ही बनते हैं।

- **सोशल मीडिया और इलेक्ट्रॉनिक उपकरणों से दूरी बनाएँ**: व्हाट्सअप, फेसबुक, यू-ट्यूब, मोबाइल, लैपटॉप आदि उतना ही प्रयोग में लाएँ जितने से आपका ऑफिस, व्यवसाय या अन्य कार्य प्रभावित न होता हों। इनका अत्यधिक प्रयोग सामाजिक, आर्थिक, शारीरिक और नैतिक तौर पर आपको कमजोर बनाता है। समय की बर्बादी, अनिद्रा, भयावह रोग आदि सब इसके दुष्परिणाम हैं।

- **ठोस नीति बनाएँ**: आगे रहने के लिए आपको भविष्य की योजनाओं पर अमल करना होगा एवं सार्थक करने की दिशा में प्रयास करना होगा।

22वें फ्लोर की चाबी

मुझे एक बुजुर्ग बिजनेसमैन की कहानी याद आती है जो एक सेमिनार के लिए दूसरे शहर जाते हैं। होटल का कमरा 22वें फ्लोर पर था। जब वो लिफ्ट के पास जाते हैं तो पता चलता है कि लिफ्ट के मेन्टेनेंस का कार्य चल रहा है और अभी चार से पाँच घंटे और लगेंगे। बुजुर्ग लिफ्ट के कर्मचारी को अपना भारी-भरकम बैग दे देते हैं कि लिफ्ट ठीक हो जाए तो उनका सामान कमरे में भिजवा दिया जाए। किसी तरह से बुजुर्ग सीढ़ियों के सहारे 22वें फ्लोर पर आधे घंटे में पहुँच जाते हैं। उनका कमरा नं 227 सामने ही था। अब तीन-चार घंटे वो आराम कर सकते थे, तब तक उनका सामान भी आ जाता। पर यह क्या? उन्होंने यह सोचकर माथा पीट लिया कि कमरे की चाबी तो उनके बैग में ही रह गई, जो लिफ्ट का कर्मचारी चार-पाँच घंटे में लेकर आने वाला है। सही ही है, लोग मंजिल के लिए दौड़ तो पड़ते हैं पर नीति और योजना के अभाव में वो हासिल होकर भी अछूता रह जाता है।

- **जहाँ चाह, वहाँ राह की नीति अपनाएँ:** आपने सुना होगी कि बूँद-बूँद से घड़ा भरता है। जो मिले उसे ना छोड़ें। अवसर छोटा या बड़ा नहीं होता। कई बार छोटा अवसर एक बड़ी सफलता की नींव बन जाता है। उचित समय की प्रतीक्षा ना करें बल्कि अभी शुरूआत करें।

जंगी काका की कहानी

मेरे गाँव में एक पहाड़ी पर माता जी का एक मंदिर है। लोग कहते हैं कि एक बार गाँव के सबसे बुजुर्ग व्यक्ति जिनकी उम्र करीब 95 साल की थी वो लगभग चलने में असमर्थ थे, वो अपने बेटों से कहते हैं कि मरने से पहले मैं माताजी के दर्शन करना चाहता हूँ। उनके बेटे यह सुनकर हक्के-बक्के रह जाते हैं और कहते हैं कि बाबूजी एक तरफ से ऊँची चढ़ाई और 300 सीढ़ियां, अच्छे-से-अच्छे लोग वहाँ जाने की हिम्मत नहीं कर पाते और इस उम्र में आप... ?? आते-जाते 600 सीढ़ियों की चढ़ाई-उतराई है, नहीं हो पायेगा। हम में से कोई भी नहीं जायेगा। यह कहते हुए बेटों ने प्रस्ताव नकार सा दिया। इस बात के महीने भर बाद उस बुजुर्ग के कमरे में थोड़ी हलचल थी। हुआ यूँ कि रात के दो बजे उनका बड़ा बेटा उनके कमरे में, बुजुर्ग पिता का हाल लेने पहुँचा तो न वो लालटेन जल रही थी जो पिता जी के रूम में रखी रहती थी, ना ही पिताजी मिले। धीरे-धीरे पूरे गाँव में आग की तरह यह खबर फैल गई कि आधी रात से जंगी काका गायब हैं। काली, घनी, अंधेरी रात, जब हाथ को हाथ नहीं सूझ रहा हो ऐसे में 95 साल का एक बुजुर्ग कहाँ जा सकता है। तभी किसी ने कहा कि माताजी के मंदिर की सीढ़ियों के रास्ते एक हल्का प्रकाश आ रहा है। सभी को घोर आश्चर्य हुआ कि

भला इतनी रात में उस पहाड़ी, ऊबड़-खाबड़ रास्तों पर माताजी के दर्शन करने कौन गया होगा। खैर, जंगी काका की खोज जारी थी। अब वक्त तड़के सवेरे का था, करीब पाँच बज रहे थे। वो रोशनी जो पहाड़ की सीढ़ियों से आ रही थी, वो अब गाँव में प्रवेश कर चुकी थी। पूरा गाँव उस सिरफिरे इंसान को देखने के लिए उस छोर पर एकत्रित था, जहाँ से पहाड़ी पर चढ़ाई शुरू होती थी। आखिर कौन था वह इंसान जो इस सघन अंधेरी रात में एक लालटेन के सहारे ऊबड़-खाबड़ सीढ़ियों पर 600 डेग माप आया था। जब गाँव वालों ने पास से देखा तो हर कोई हैरान था। जी हाँ, वह जंगी काका ही थे जो 95 साल की उम्र में माताजी के दर्शन की हठ किए बैठे थे। जब किसी ने साथ नहीं दिया तो काँपते पैरों से उन्होंने अपनी ख्वाहिश के पंख फैलाकर अपना रास्ता खुद माप लिया। लोगों ने पूछा कि आप इतनी दूर जाकर आ भी गए जबकि लालटेन की रोशनी तो एक कदम से ज्यादा जा भी नहीं रही थी। इस पर बुजुर्ग ने जो बात कही वो जमाने के लिए एक सीख बन गयी। बुजुर्ग बोले, "बेटा, एक कदम अगर आगे दिख रहा हो तो और क्या चाहिए, एक कदम आगे जाओ तो फिर एक कदम आगे का दिख जाता है और जोड़ते-जोड़ते मंजिल हासिल हो जाती है।" इस सार्थक बात को, यदि अपने जीवन में अवतरित कर लिया जाए तो सोचो हम कहाँ से कहाँ पहुँच सकते हैं। समझदार व्यक्ति एक-एक कर सीढ़ियां चढ़ रहे हैं और हम हैं कि मौसम, मुहूर्त्त और अवसर की तलाश में व्यर्थ ही समय गँवा रहे हैं।

- **अवसर को लपकना सीखें**: हर आदमी को हजारों अवसर मिलते हैं पर प्राय: लोग उसको पहचानने में भूल कर जाते हैं। कुछ कहेंगे कि हम तैयार नहीं थे। कुछ कहते हैं कि समय उचित नहीं था, मुहूर्त्त नहीं था या आगे फिर ऐसे मौके आएँगे तो देखा जायगा। पर समय और समुद्र की लहरें कहाँ किसी की प्रतीक्षा करते हैं।

  i. न्यूटन ने अवसर को जाने नहीं दिया कि ये तो आम घटना है। सेब तो गिरते ही हैं। जमीन पर नहीं गिरेंगे तो कहाँ जाएँगे। उसका सवाल था कि जमीन की तरफ क्यों गिरा? आसमान की तरफ क्यों नहीं?

  ii. ऐसे कई लोग हैं जिन्होंने कोरोना काल में अपनी नौकरी गँवा दी पर हताश नहीं हुए, ना ही सुसाइड किया। बल्कि इस आपदा को अवसर में बदल दिया। भारत ने दो कोरोना वैक्सीन का इज़ाद किया और पूरी दुनिया में छा गया। पूरे विश्व में भारत के वैक्सीन की माँग हुई।

  ऑनलाइन शिक्षा जगत में कई बड़े नाम सामने आए। कई ऑनलाइन शिक्षण संस्थाएँ अस्तित्व में आयीं और लाखों लोगों तक अपनी पैठ बना गई। बिहार के खान साहब (खान सर), फिजिक्सवाला और BY JU'S प्रमुख नाम हैं। मास्क, ग्लव्स,

सेनेटाइज़र और अन्य संबंधित सामग्रियों की माँग कोरोना काल में चरम पर थी। अवसर का फायदा उठाकर कई बड़ी कंपनियों के साथ जुड़कर छोटी कंपनियों ने अपनी बड़ी पहचान बनाई। छोटे-बड़े मिलाकर सिर्फ भारत में 1300 नई कंपनियों का जन्म कोरोना काल में हुआ। यानि जब लोग जिंदगी की जंग में बचाव की राह ढूँढ रहे थे तो कुछ लोग थे जो कोरोना के उस पार का सवेरा देख रहे थे। खान सर के स्टाइल ने तो दुनिया में पढ़ाई को एक नई परिभाषा दी। उनके खेल-खेल और मजे-मजे में ठेठ बिहारी शब्दों से लाखों लोग करेंट अफेयर्स और जनरल स्टडीज के मास्टर बन गए। संघर्ष से ही सोना निकलता है, वो भी खरा, इसके उदाहरण हैं - खान सर।

iii. दुनिया के सारे राष्ट्राध्यक्ष कोरोना काल में अत्यधिक दबाव में थे, पर भारत के प्रधानमंत्री पर दबाव की तीव्रता का अंदाजा लगाना मुश्किल था। दुनिया के सर्वाधिक आबादी वाले देश होने के नाते चुनौतियाँ कम नहीं थीं, पर आपदा की इस घड़ी में वो हिम्मत नहीं हारे। देश ने दो कोरोना वैक्सीन बनाईं जिसकी आपूर्ति देश के साथ ही विश्वभर में की गई। लघु, सूक्ष्म एवं मध्यम उद्योगों को पुन: खड़े करने की नीति बनाई गयी। आपदा में अवसर तलाशने और क्षेत्रीय उत्पाद को प्रोमोट करने हेतु 'Vocal for Local' कार्यक्रम शुरू किया गया।

2. **अपने भाग्य का निर्माता बनें:** भाग्य और लक दो शब्दों से बने हैं, किस्मत तीन शब्दों के संयोग से बनी है पर मेहनत इन सबसे बड़ी है और चार शब्दों के मेल से बनी है। मेहनत को प्राथमिकता दें। संघर्ष पूरे जोश के साथ अंतिम दम तक करें। कई बार गुच्छे की आखिरी चाबी ताले को खोल देती है। किसी ने ठीक ही कहा है कि -

"ताश के पत्तों को जोड़ने से ताजमहल नहीं बनता,
नदी के रुकने से समन्दर नहीं बनता,
संघर्ष करना पड़ता है जिंदगी भर,
क्योंकि एक-दो, हार-जीत से कोई सिकंदर नहीं बनता।"

भाग्य निर्माता वाली सोच बनाएँ एवं इन बातों पर ध्यान दें -

1. अपने कार्यों की जिम्मेवारी लें।
2. दोषारोपण से बचें।

3. भीड़ का हिस्सा न बनें।

4. हटकर सोचें (Out of Box Thinking)

5. असफलता से सीख लें।

6. महान लोगों की जीवनी पढ़ें और अमल करें।

7. नेतृत्व क्षमता विकसित करें।

8. कठिनाइयों में संयम से काम लें।

3. **आगे की सोच का परिणाम:** सच कहा जाए तो आपकी सोच आपके सम्पूर्ण व्यक्तित्व को प्रभावित करती है। एक प्रयोग में ऐसा देखा गया है कि एक छोटे बच्चे को पहली बार टॉफी दिया जाए तो वह उसे मुँह में लेकर उसके स्वाद के अनुसार अपनी प्रतिक्रिया देता है - जैसे चेहरे पर हँसी व खुशी का भाव आना, मुँह से लार टपकना और मस्ती में झूमना। ऐसा पूरे एक सप्ताह किया गया और एक दिन टॉफी खाने को नहीं दिया गया, बस दिखाया भर गया। अब बच्चे की सोच ने पूरे शरीर में परिवर्तन लाना शुरू कर दिया, फलस्वरूप मुँह से लार टपकने लगा एवं उसने खुशी से हाथ-पैर चलाना शुरू कर दिया।

सफलता का राज

एक स्कूल में मैं सेमिनार कर रहा था। विषय था 'जीवन की चुनौतियाँ', बातों-बातों में उस स्कूल के प्रधानाध्यापक ने अपने एक भूतपूर्व छात्र से मुझे मिलवाया। वह भी उसी सेमिनार में शामिल होने आए थे। वार्तालाप में पता चला कि वे पिछले साल के 'बिहार पब्लिक सर्विस कमीशन' के टॉपर थे। उम्र भी कुछ ज्यादा नहीं थी, पर व्यक्तित्व बड़ा प्रभावशाली था। विषयों का ज्ञान भी अद्वितीय एवं अतुलनीय था। आगे बातों में मैंने पूछा कि आप आयु के हिसाब से ज्यादा समझदार एवं ज्ञानवान हैं- ये सब कैसे कर लेते हैं? उनका जवाब बड़ा शिक्षाप्रद था। वो बोले कि हर क्लास में 40 बच्चे हैं। सारे तो आपके लिए कंपेटीटर्स हैं। उसमें अगर आपको अव्वल आना है तो उनसे बेहतर रणनीति अपनाना होगा, क्योंकि विजेता तो पूरे क्लास से एक ही होगा। मैं हर विषय को क्लास के सिलेबस के अनुसार तो पढ़ता था, पर तबतक पढ़ता था, जबतक सारे सवालों के जवाब न मिल जायें। इस तरह से हर कलास के बच्चे अपने सिलेबस और क्लास में ही सिमट जाते थे। पर मैं उसी विषय में अपनी जानकारी अपने से दो क्लास ऊपर तक जमा कर लेता था। इस तरह हर कक्षा में मैं अव्वल रहा।

अध्याय - 8

आलोचना से कैसे निपटें

सच कहा जाए तो दुनिया में जिसने भी कुछ नया करने की कोशिश की है, वो पहले आलोचनाओं के गड्ढे से जरूर गुजरा है। अगर आप लगातार प्रगति कर रहे हैं एवं पथ बाधारहित है और कहीं से कोई आलोचना या टिप्पणी नहीं आ रही है तो मतलब साफ है, यह शांति भविष्य में किसी बड़े बवंडर का संकेत है। सफलता की राह में सरलता का मतलब नहीं बनता।

आलोचना या निंदा ऐसी नकारात्मक प्रतिक्रिया है जो आपको आहत करती है और कुछ लोग तो मैदान से भाग खड़े होते हैं। एक दोहा है जो मेरे दिल के बड़ा करीब है कि:

"निंदक नियरे राखिये, आँगन-कुटी छवाय,
बिन पानी, साबुन बिना, निर्मल करे सुभाय।"

अर्थात् जो व्यक्ति आपकी निंदा या आलोचना करता है, उसको हो सके तो दिल में जगह दो ताकि आलोचना के रूप में वो आपको आपकी कमियाँ बताता रहे और आप उस पर अमल कर उसे सुधार सकें। इस तरह आपका वो हितैषी ही है जो बिना पानी और साबुन के ही आपके व्यक्तित्व की सफाई कर उसमें चमक लाता रहता है। याद रखें ऐसे लोग चापलूस मित्रों से बेहतर होते हैं।

1. आलोचना क्या है?

- यह आपके किसी वक्तव्य (Statement) के ऊपर किसी की टिप्पणी हो सकती है।

- यह आपके व्यवहार, आपकी भाषा या आपके विचार की समीक्षा हो सकती है जिसमें किसी खास भाग पर जोर दिया गया हो।
- यह आपके प्रति सामने वालों की प्रतिक्रिया है जो आपके प्रगति, खुशहाली और सफलता से आहत हैं।

2. आलोचना से कैसे बचें?

अगर आप अपने जीवन में प्रगति कर रहे हैं, आगे बढ़ रहे हैं तो आलोचना लाज़मी है। यह आपके विकास और आपकी सफलता का मापदण्ड है। आपने यह कहावत सुनी होगी कि "हाथी चले बाजार, कुत्ता भौंके हजार।" अर्थात् आप अगर कुछ अच्छा भी कर रहे हैं तो कुछ लोग होते हैं जो नकारात्मक प्रतिक्रिया करना नहीं भूलते।

कलाकार की सीख

एक सच्ची घटना है, एक बार एक कलाकार ने अपनी सर्वश्रेष्ठ पेंटिंग को लोगों के बीच रख दिया और उस पर सबकी प्रतिक्रिया माँगी। अगले दिन कलाकार हैरान रह गया था, क्योंकि 'Feedback Box' (प्रतिक्रिया पेटी) पूरी तरह से भरा हुआ था। लोगों ने अनगिनत कमियाँ बता दी थीं, उस पेंटिंग में। पर कलाकार ने लोगों से आग्रह किया कि वो इन कमियों को दूर करने की तरकीब भी बताएँ। जानते हैं फिर क्या हुआ? कई सालों तक किसी का कोई सुझाव नहीं आया और जितनी बार सुझाव पेटी खोली गई, हर बार वह खाली निकली। अर्थात् किसी की कमियाँ बताना बड़ा आसान है पर सुधार का सुझाव देना मुश्किल। आप ऐसे लोगों के सामने इन बातों का ध्यान रखें -

i. **अपनी आलोचना शांति से मुस्कुराहट के साथ सुनें**: मुस्कान व्यक्तित्व का बड़ा हथियार है। कोई आपको हजार बातें बोल दे और आप हँस दें तो सामने वाले की जीत भी फीकी हो जाती है। जब आपकी कोई आलोचना करे तो बीच में ना बोलें और निम्नलिखित बातों पर ध्यान दें -

1. तथ्य परखें कि सच्चाई कितनी है?
2. अगर वाकई में कोई कमी है तो स्वीकार कर लें एवं सुधार करें।
3. अगर गलत आरोप हैं तो कहीं लिखते जाएं एवं सामने वाले की बात खत्म होने पर तथ्य सामने रखें।
4. आरोपों का जवाब सरल एवं सभ्य भाषा में दें।

5. आलोचकों को जवाब देते समय उन पर कोई आक्षेप या आरोप न लगाएँ एवं शालीनता से मनमोहक संवाद करें।

6. जवाब देते समय शब्द चयन और आवेश दोनों का ध्यान रखें।

3 आलोचना का जवाब कैसे दें?

1. पहले निम्नलिखित भागों में आलोचना को विभाजित करें:

- तथ्य कितने हैं उसे लिखें ताकि यह पता चले कि सत्य आक्षेपों का प्रतिशत क्या है?
- अतिश्योक्ति का प्रतिशत भी पता करें एवं उसे अवश्य लिखें ताकि जवाबी कार्रवाई में गुणवत्ता हो।
- बिलकुल गलत एवं निराधार बातों को भी लिखें।

अब आपके पास सही आरोप, बढ़ा-चढ़ाकर कही गई बातें और बिल्कुल निराधार बातों का संग्रह है। आप तीनों भागों पर ध्यान दें एवं उसके सामने अपना जवाब लिखें। अगर बात सही है तो स्वीकार करें, गलत बातों को नकार दें एवं मसालेदार बनाई गई बातों पर जिसे अतिश्योक्ति कहते हैं, उस पर एक मुस्कान के साथ टिप्पणी करें।

2. आलोचना को वर्गों के आधार पर इस तरह से जवाब दें।

- **आलोचना का तथ्यात्मक भाग:** इस भाग में ज्यादातर या आंशिक भाग सत्य होगा। जो आपने कभी बोला होगा या आपके व्यवहार से झलकता होगा। उस पर गौर करें, आवश्यकतानुसार बदलाव करें या भविष्य में दोहराने से बचें। यह आलोचना का वह भाग है जो आपके व्यक्तित्व में निखार लाता है। अगर आप पब्लिक फिगर या बड़े मंचों की शोभा हैं तो लोग ज्यादा-से-ज्यादा आपके बारे में टिप्पणी करेंगे। सत्य को स्वीकार करें, आत्मसात् करें एवं आगे बढ़ें। कभी भी आलोचना से आहत होने से बचें।
- **आलोचना में अतिशयोक्ति वाला भाग:** यह प्राय: बढ़ा-चढ़ाकर कही गई बातें हैं जिस पर लोग ज्यादा-से-ज्यादा आरोप मढ़कर आपके सामने पेश करते हैं। आपकी कही गई बातें, आपके सामने मसालेदार बनाकर व्यंग्य के साथ पेश की जाती हैं। ऐसी बातों पर आप हँसकर यह कह सकते हैं कि "यह तो मुझे आप ने ही बताया है, हो सके तो प्रमाण में तथ्य भी दें ताकि इस पर गौर कर सकूँ।"
- **गलत एवं निराधार बातें:** यह आलोचना का वह भाग है जो मूलत: निराधार एवं बकवास है। इस पर आक्रोशित न हों एवं संयम, शांति एवं सरल मुस्कान के साथ अपनी प्रतिक्रिया दें और सीधे न नकारें।

4. आलोचना को औजार बना लें: बीमार कुत्ते की कहानी

एक सच्ची कहानी है जो जिंदगी की एक बड़ी सीख देती है। एक घर में कुत्ते के छोटे बच्चे को लाया जाता है। कुछ ही समय में वह परिवार का सदस्य बन गया। लोग साथ ही टहलाने ले जाते, बाजार घुमाते एवं दोस्त की भाँति व्यवहार करते। एक बार तो घर में चोरी होने से भी उस कुत्ते ने बचाया था। तब से वह घर के लोगों का लाडला हो गया। कुछ समय बाद कुत्ते को कोई बीमारी लग गई। उसके शरीर के रोएँ झड़ने लग गए एवं पूरे शरीर में घाव बन गए। घर के लोग उसे कई बार घर से बाहर दूर जाकर छोड़ने की कोशिश करते पर हर बार वह लौटकर घर चला आता। अन्त में उन लोगों ने गली के एक लड़के को कुछ पैसे देकर कहा कि जो भी हो ऐसा करो कि यह लौटकर न आने पाए। उस लड़के ने कुत्ते को दूर जंगल में एक गड्ढे में फेंक दिया एवं कई टोकरी, मिट्टी डाल आया ताकि गड्ढा भर जाए। नीचे कुत्ता जो बीमारी की हालत में था वो पहले तो रोया फिर इसे नियति मानकर जीवन के लिए संघर्ष करने लगा। जितनी बार मिट्टी डाली जाती, उतनी बार शरीर को जोर से हिलाकर अपने ऊपर की मिट्टी को जमीन पर गिरा देता और एक कदम ऊपर अपनी आज़ादी की ओर बढ़ जाता। एक समय आया जब गड्ढा भर गया और कुत्ता जमीन की सतह पर आ गया। इस बार कुत्ता वापस मालिक के घर नहीं गया बल्कि नई दिशा में बढ़ चला, जहाँ आज़ादी थी, मुक्ति थी और स्वयं का बनाया जीवन था।

आरोपों और आलोचनाओं के पत्थर से शरीर पर घाव बनाने से रोकिए। ये पत्थर शानदार चरित्र, व्यक्तित्व एवं भविष्य की बड़ी इमारत के आधारशिला बनने वाले हैं। कहीं मैंने पढ़ा था, जिसमें कहानी का मुख्य किरदार लोगों की आलोचनाओं से प्रेरणा लेता है और कहता है कि -

"अभी सूरज नहीं डूबा, जरा सी शाम होने दो,
मैं खुद ही लौट आऊँगा, मुझे नाकाम होने दो।
मुझे बदनाम करने के बहाने ढूँढता है जमाना,
मैं खुद हो जाऊँगा बदनाम, पहले नाम होने दो।"

सच कहा जाए तो दुनिया में जिसने भी कुछ नया करने की कोशिश की है, वो पहले आलोचनाओं के गड्ढे से जरूर गुजरा है। अगर आप लगातार प्रगति कर रहे हैं एवं पथ बाधारहित है और कहीं से कोई आलोचना या टिप्पणी नहीं आ रही है तो मतलब साफ है, यह शांति भविष्य में किसी बड़े बवंडर का संकेत है। सफलता की राह में सरलता का मतलब नहीं बनता।

5 आलोचना जरूरी क्यों है?

अगर आपको आलोचना का सामना करना पड़ रहा है तो कुछ बातों पर ध्यान दें, जैसे -

- क्या यह आपके दोस्तों, रिश्तेदारों या सहयोगियों की तरफ से आ रही हैं?
- या, यह उस भीड़ से आ रही हैं जिसका आपसे प्रत्यक्ष या परोक्ष कोई मेल ही नहीं है।

पहले वाले भाग में, यानि आलोचना जो आपके दोस्तों, रिश्तेदारों या सहयोगियों से आ रही है उस पर विशेष ध्यान दें एवं अमल करें। इन्हें नकारने से बचें। प्राय: ये लोग आपके शुभचिंतक होते हैं जो आपकी वाकई तरक्की चाहते हैं पर किसी खास मुद्दे पर असहमति रखते हैं। उनसे मिलकर आप जरूरी मुद्दे पर चर्चा करें एवं जो सही हो उसे अवश्य अपनाएँ एवं उनका धन्यवाद दें कि उन्होंने आपका मार्गदर्शन किया।

और अगर आलोचना करने वाला प्रत्यक्ष या अप्रत्यक्ष रूप से आपसे जुड़ा नहीं है तो समीक्षा करें कि वो ऐसा क्यों बोल रहा है, सच्चाई है भी या नहीं? हो सके तो दोनों आमने-सामने बैठकर मुद्दे पर बात करें।

सच कहा जाए तो आलोचना अब प्रगति एवं विकास का पर्यायवाची बन गया है। यह जरूरी भी है ताकि आप में आवश्यक सुधार होता रहे।

पर अगर आलोचना सकारात्मक और रचनात्मक है तो यह बड़ी प्रभावशाली एवं विकासवादी होती है।

6. रचनात्मक आलोचना कैसे करें?

यह आलोचना का वह भाग है जिसमें आलोचक आपका शुभचिंतक होता है और वह अपनी प्रतिक्रिया में आपको सुधार की गुंजाइश वाली दिशा में ले जाता है ताकि आपके व्यक्तित्व में और निखार आ सके। वह कमियाँ भी बताएगा और उन कमियों को दूर करने का सुझाव देकर आपका मार्गदर्शन करेगा। रचनात्मक आलोचना के विषय में कहा भी गया है कि:

1. प्रसन्न होना है तो प्रशंसा सुनिए और बेहतर होना है तो आलोचना।
2. उपलब्धि और आलोचना एक दूसरे के मित्र हैं, उपलब्धियाँ बढ़ेंगी तो निश्चित ही आपकी आलोचना भी बढ़ेंगी।
3. रचनात्मक आलोचना सामाजिक जीवन की ओजोन परत है।
4. प्रशंसा को विनम्रता से स्वीकार करें और आलोचना पर गंभीरता से विचार करें।
5. याद रखें - विरोध मतलब आपकी ताकत बढ़ रही है और आलोचना मतलब आपसे उम्मीद बढ़ रही है।

रचनात्मक आलोचना करना एक महान व्यक्ति की निशानी है। यह किसी महान् इंसान के आशीर्वाद के समान है। जिसमें आलोचक आपकी कमियों को उचित समय, स्थान एवं परिस्थिति देखकर आपके समक्ष विभिन्न पहलुओं को ध्यान में रखकर प्रकट करता है। इसमें निम्नलिखित पहलुओं पर ध्यान दिया जाता है।

1. यह सकारात्मक प्रशंसा के साथ शुरू होता है।
2. उचित समय, स्थान एवं परिस्थिति का ध्यान दिया जाता है।
3. सामने वाले के दृष्टिकोण एवं परिप्रेक्ष्य को ध्यान से समझा जाता है।
4. दोस्ताना माहौल में संवाद का आदान-प्रदान होता है।
5. सुधार एवं व्यक्तित्व विकास को ध्यान में रखकर बातें होती हैं।
6. स्पष्ट एवं साफ-साफ तरीकों को अपनाया जाता है।

तात्पर्य यह है कि कोई भी इंसान अपने आप में पूर्ण नहीं है। कमियाँ कम या ज्यादा सब में होती हैं। आवश्यकता है सकारात्मक सोच की ताकि आलोचना अवरोध न बनकर सफलता की सीढ़ी बन जाए।

याद रखें:

अगर हम विनम्र हैं तो हमें न ही प्रशंसा और ना ही आलोचना बदल सकता है।

-मदर टेरेसा

सफल व्यक्ति वही होता है, जो दूसरों की आलोचना से एक ठोस आधार तैयार करता है।

-डेविड बिंकले

और अन्त में यह भी गाँठ बाँधने वाली बात है कि

"प्रशंसा से पिघलना मत,
क्रोध से जलना मत,
आलोचना से उबलना मत,
और शब्दों से फिसलना मत।"

अध्याय - 9

खुश रहना एक कला है, इसे सीखें

मनुष्य के सभी दिन सामान्य नहीं रहते, खुशी-गम, सुख-दु:ख आते-जाते रहते हैं और जितनी प्रसन्नता से आप अच्छे दिनों को ग्रहण करते हैं और खुश रहते हैं उतनी ही प्रसन्नता उन दिनों में भी दिखाइए, जब चीजें आपके मुताबिक नहीं हो रही हों। जानते हैं सुख एवं दु:ख में मानसिकता का फर्क है, बस। आपके मुताबिक घटनाएँ घट रही हैं तो सुख है, और आपकी इच्छा के विरुद्ध हो गईं तो दु:ख है।

"हमारे जीवन का उद्देश्य प्रसन्न रहना है।"

-दलाई लामा

"खुश रहना कभी भी Out of Style नहीं हो सकता।"

-लिली पुलित्जर

"जिसे आप चाहें वह मिल जाए तो यह सफलता है, जो मिले उसे चाहना खुशी है।"

-W.P. Kinsela

"जो पल आपको खुशी दे वही पल आपकी जिंदगी है।"

-अज्ञात

"सुना है दु:ख में कोई साथ नहीं देता, इसलिए स्थिति कैसी भी हो खुश रहता हूँ।"

-अज्ञात

"जिंदगी में जब गम रुलाने लगे,
तो इतना मुस्कुराओ कि गम शर्माने लगे।"

-किवदन्ती

1. खुश कैसे रहें?

आज हम उस दौर में रह रहे हैं जब हर तरफ डिप्रेशन, हाइपर टेंशन, अनिद्रा, अपच, कब्जियत, असफलता, एक्सीडेंट जैसी लाखों नकारात्मक भावों का जाल बिछा है। आप किसी से हाल-चाल पूछें तो अपने दु:खों का पहाड़ आप पर गिरा देगा। आप या तो दब जाएँगे या वहाँ से निकल भागने की तैयारी करेंगे। सही है, वहाँ से जितनी जल्दी निकल जाएँगे उतना खुश रहेंगे। खुश रहना एक कला है और इसे धन-दौलत, बड़ा-छोटा, झोंपड़ी या महल से कोई लेना-देना नहीं है। मेरे गाँव के बुजुर्ग कहा करते थे कि -

"कभी घी घना ....!

कभी मुट्ठी भर चना ...!!

कभी वह भी मना।"

मनुष्य के सभी दिन सामान्य नहीं रहते, खुशी-गम, सुख-दु:ख आते-जाते रहते हैं और जितनी प्रसन्नता से आप अच्छे दिनों को ग्रहण करते हैं और खुश रहते हैं उतनी ही प्रसन्नता उन दिनों में भी दिखाइए, जब चीजें आपके मुताबिक नहीं हो रही हों। जानते हैं सुख एवं दु:ख में मानसिकता का फर्क है, बस। आपके मुताबिक घटनाएँ घट रही हैं तो सुख है, और आपकी इच्छा के विरुद्ध हो गईं तो दु:ख है। अगर इसी को कहा जाए कि चलो मेरी मर्जी से नहीं हुआ, शायद यह भगवान की मर्जी थी, तो दु:ख कितना कम हो जाता है। खुशी को जीवन संगिनी बनाने के लिए इन बातों पर ध्यान दें -

(क) सुबह जल्दी जागने की आदत डालें।

कहते हैं कि "जो जागत है, सो पावत है,

जो सोवत है, सो खोवत है।"

खुशियों का द्वार सूर्योदय के साथ ही खुल जाता है। आप सूर्य भगवान को एक नया दिन और नई सुनहरी शुरूआत देने के लिए धन्यवाद करें।

(ख) प्रतिदिन नित्य क्रिया से निपटकर इसे जरूर आजमाएँ -

1. हरी घास पर नंगे पैर 15 मिनट तक चलें।
2. 30 से 45 मिनट का योग प्रतिदिन अवश्य करें। प्राणशक्ति जागृत करने के लिए योग में प्राणायाम नियमित रूप से करें।

(ग) नकारात्मक सोच और नकारात्मक लोगों से बचें।

(घ) किसी की बुराई सुनने से बचें एवं सकारात्मक पहलुओं पर ध्यान दें।

(ङ) लेन-देन में ध्यान रखें कि एक बार की 'ना' आगे के सौ दर्द का इलाज है। आप किसी के 100 काम कर दें पर एक काम मना कर दें, तो आपके 100 कामों का जिक्र कोई नहीं करता।

1. अगर किसी को धन दे रहे हैं, इज्जत दे रहे हैं तो बदले में वो भी आपको लौटा दे ऐसी कामना ना करें। वरना पश्चाताप का कारण ही बनेगा।
2. शारीरिक, मानसिक एवं नैतिक रूप से सक्षम हैं तभी किसी की सहायता करें, वरना आप के दु:ख का कारण बन जाएगी।

(च) रिश्तेदारी में प्रतियोगिता से बचें।

खुशी से जो हो सके वही करें। दूसरों के बच्चों से अपने बच्चे की तुलना ना करें। सब समय पर अपनी क्षमतानुसार पा ही लेते हैं। समय की प्रतीक्षा करें। अगर आम का फल लगाया है तो मिठास फैलने में थोड़ा वक्त लगेगा। समय पर सब अच्छा ही होता है।

(छ) खुद के लिए समय निकालें।

- कभी पार्क में बैठकर खुद को गाना सुनाएँ, शायरी सुनाएँ। संगीत सुनें।
- बचपन के दिन, माँ-बाप, दोस्त-यार वाले दिन याद करें।
- बंद कमरे में डांस करें या पागलों की भाँति हँसे, कुछ ऑफिस के चुटकुले याद करें।
- मनपसंद भोजन ऑर्डर करें। अच्छा होगा कि खुद बनाएँ।
- अन्त में अपने आप को शाबाशी दें। तारीफ करें और शुक्रिया दोस्त इस सुंदर साथ के लिए.....! ऐसा खुद से कहें।

(ज) 7 से 8 घंटे की नींद लेना ना भूलें।

2. सदा खुश रहने वालों की 7 आदतें:

- खुद को Respect देना।
- अच्छी संगति में बैठना।
- तारीफ करना एवं प्रशंसा के शब्द बोलना।
- उदारवादी विचारधारा।
- चेहरे पर सदैव मुस्कुराहट को बनाए रखना।

- परिस्थिति को खुद पर हावी न होने देना।
- शौक पसंद होना।

सच कहा जाए तो खुशी, जो उपलब्ध है उसे स्वीकार करने की कला है। यही कला सब में नहीं होती। जबकि यह साफ है कि सुख एवं दु:ख जीवन में साथ-साथ चलते हैं। एक के थक जाने के बाद दूसरा उसकी जगह ले लेता है।

3. खुश रहने से आपको कौन रोकता है?

अगर आपको लगता है कि आप खुश नहीं रहते इसका कारण दूसरे लोग हैं तो यह खुद को ही धोखा देने वाली बात है। यह तो वही बात हुई कि "कस्तूरी कुंडल बसे, मृग ढूँढत बन माहिं"।

अर्थात् अगर आपको खुशी ढूँढनी है तो आप दोस्त, रिश्तेदार, मनपसंद सामग्री में ढूँढते हैं। अगर आपको लगता है कि ये मिल जाए तो खुशी मिल जाएगी, वो मिल जाए तो खुशी मिल जाएगी, तो वह आपका भ्रम है। जब आप अशांत होते हैं तो आपको खुशी कहाँ मिलती है? वास्तव में खुशी एक मानसिक दशा है और यह आपको अंदर की एक अनुभूति से मिलती है। गुस्से में आपको आपकी पत्नी, दोस्त, रिश्तेदार सब दुश्मन नज़र आते हैं, पर जब आप शांत और प्रसन्नचित्त रहते हैं तो दुश्मन के प्रति भी संवेदना का भाव आता है। स्पष्ट है कि खुशी की चाबी आपके हाथ में है। खुशी State of Mind है जो Internal Happiness से आती है। याद करिए वो दिन जब ऑफिस में आपके बॉस के साथ चिक-चिक हो जाए, घर के रास्ते में किसी पागल से बहस हो जाए और जब आप घर पहुँचे तो आपकी पत्नी एक मुस्कान के साथ दरवाजा खोले, आपका बच्चा दौड़ता हुआ आकर आपसे लिपट जाए, पर आपको यह सब बेकार लगता था। किसी दूसरे दिन आपके ऑफिस का समय यादगार गुजरा हो, बॉस ने तारीफ करते हुए एक एक्स्ट्रा बोनस दिया हो तो आप रास्ते से मिठाई खरीदते हैं, पत्नी को दरवाजे पर मुँह मीठा कराते हैं और बच्चे को गोद में लेकर सीने से लिपटा लेते हैं - ऐसा क्यों? क्या आपकी खुशी की चाबी बॉस के पास है?

आमतौर पर हम खुशियाँ बाहर ढूँढ़ते हैं - कपड़ों में, आई फोन में, जुहू बीच पर, व्यवसाय में। पर सच तो यह है कि लाखों-करोड़ों रुपयों का बंडल, गाड़ियों का कारवां, दोस्तों का जमघट आपको खुश नहीं कर सकते और ये सारी चीजें दूसरों की तुलना में सदा कम ही लगेंगी। जिंदगी आइसक्रीम की तरह है दोस्त...! टेस्ट करते जाओ, नहीं जो waste हो जाएंगी। दिमाग को प्रशिक्षित कर लो कि बाहर चाहे जो भी हो, अंदर तो जाने नहीं दूँगा। अंदर केवल खुशी, मुस्कान एवं मोहब्बत का राज होगा।

आपकी खुशी में जो बाधा है वो खुद आप हैं और आप इसका जिम्मेवार दूसरों को मानते हैं।

i. जब भी बुरा समय आए या परिस्थिति आपके अनुकूल न हो तो आप यह बार-बार दोहराएँ कि:

- सब हो जायेगा।
- ये तो होता रहता है।
- भगवान राम और कृष्ण का जीवन भी कहाँ आसान था ?
- दौर बुरा है तो गुजर जाएगा।
- अँधेरी रात सदा के लिए नहीं होती, एक अकेला सूरज पूरी धरती की कालिमा को हर लेता है।
- सब लोग मेरे साथ हैं।
- अन्त में सब ठीक ही होगा।

4. खुश रहने से क्या होता है ?

- आपकी जिंदगी मुस्कुराती है।
- सपने साकार होते हैं।
- आप सकारात्मक वातावरण बनाते हैं।
- लोग आपसे मिलकर ऊर्जावान हो जाते हैं।
- आप खुद के साथ, अपनी जिंदगी के साथ इंसाफ करते हैं।

एक बात है जो आपको जाननी चाहिए, वो ये कि एक स्टडी में ऐसा पाया गया है कि किसी भी इंसान की जिंदगी में खुशियों के पलों का प्रतिशत 80% होता है और दु:ख या गम की घड़ी का प्रतिशत 20% ही होता है। तो अबकी बार Problem आए तो मुस्कुराइए कि 20% आया है और पूरा 80% हमारा है। मुस्कुराना सीखिए जनाब, क्योंकि रोना तो जिंदगी पैदा होते ही सिखा देती है।

5. खुशी कहाँ मिलती है ?

खुशी शब्द का प्रयोग हमारी मानसिक दशा को प्रकट करने के लिए किया जाता है। यह एक प्रकार की सकारात्मक सुखद अनुभूति है जो आपको आनंद देती है। हर मनुष्य के लिए खुशी के मापदण्ड अलग-अलग हो सकते हैं। जैसे -

किसी को धन प्राप्ति से खुशी मिलती है तो किसी को मानसिक शांति से, किसी को पारिवारिक भाई-चारे से, तो किसी को घूमने से। हर व्यक्ति की जरूरतें अलग-अलग हैं और उनको पाने का तरीका भी। मनुष्य को जब वांछित वस्तु की प्राप्ति हो जाती है तो खुशी मिलती है।

(i) खुशी कहाँ ढूँढें?

इसका जवाब इन पंक्तियों में छिपा है। गौर करेंगे तो शायद आपका जवाब मिल जाए: कि -

"मोको कहाँ ढूँढे रे बंदे,
मैं तो तेरे पास में।
ना तीरथ में, ना मूरत में,
ना एकान्त निवास में।
ना मंदिर में, ना मस्जिद में,
ना कावे, कैलाश में।
खोजी होए तुरत मिल जाऊँ,
एक पल की तलाश में।
मैं तो हूँ, विश्वास में,
मैं तो तेरे पास में।"

अर्थात् खुशी वो वस्तु है जो आपके पास ही है पर हम हैं कि यहाँ से वहाँ उसकी तलाश में दौड़ते रहते हैं। जिंदगी में खुशी वो वस्तु है जो आपके पास ही है पर हम हैं कि यहाँ से वहाँ उसकी तलाश में दौड़ते रहते हैं। जिंदगी में खुशी जरूरी है, पर हम मृगमरीचिका में फँसे रहते हैं।

(ii) खुश रहने के तरीके: हम नित-प्रतिदिन एक नई उम्मीद के साथ जागते हैं एवं जीवन आशा-निराशा का खेल है। जब हमारी उम्मीद और आशा पूरी होती है तो आंतरिक खुशी मिलती है पर असफलता और निराशा हमारे दु:ख का कारण बनते हैं। खुश रहना है तो तो इन तरीकों पर विचार करें-

(क) जो बस में नहीं उसके लिए दु:ख क्यों?

(ख) इच्छाएं सीमित रखें।

(ग) जो प्राप्त है उसे पर्याप्त समझकर भोगें।

(घ) इतना कुछ मिला है, प्रार्थना में इसके लिए ऊपर वाले का शुक्रिया अदा करें।

(ड.) दूसरों से तत्काल तुलना करना बंद कर दें।

(च) विचार संकुचित न रखें।

बहुत लोगों ने जो सक्षम हैं, उन्होंने खुश रहने के तरीके कुछ यूँ निकाले कि वो ज्यादा-से-ज्यादा दूसरों की सहायता करते हैं। यदि आप सामर्थ्यवान हैं तो दूसरों के दु:ख में शामिल होना सीखें। आपके कारण अगर किसी के चेहरे पर मुस्कान आती है तो आपको एक अलग ही सुख की अनुभूति होती है।

(iii) खुशी यहाँ से भी मिलती है।

आपने राजा बलि, दानवीर कर्ण के बारे में पढ़ा होगा कि उन्होंने सदैव दरवाजे पर आए व्यक्ति का यथोचित सत्कार किया एवं उसके लिए जो भी बन पड़ा वो किया। दान देने की सोच ने उन्हें इतिहास में अमर कर दिया। अगर आप इंसान हैं तो दूसरों के प्रति संवेदना रखें एवं उनका सहयोग करें।

खुशी देने वाले तत्व:

(क) भूखे को भोजन देकर।

(ख) बड़ों को सम्मान एवं आदर देकर।

(ग) किसी दु:खी व्यक्ति के चेहरे पर मुस्कान देकर।

(घ) रोते को हँसाकर।

(ड.) विकलांग, अपाहिज एवं कमजोरों की सेवा कर।

(च) अनाथ बच्चों, वृद्धों की सहायता कर।

(छ) गायों को चारा देकर, चिड़ियों को दाना-पानी देकर।

ये सब आपको बदले में खुशी ही देंगे।

ईश्वर से माँगने में चूकः एक सीख

दो भाई थे - दोनों ही बड़े मेहनती एवं धार्मिक प्रवृत्ति के थे। नित्य पूजा के समय वो भगवान् से हाथ जोड़कर विनती करते। बड़ा भाई सदैव भगवान् से जन-कल्याण की बातें माँगता और कहता कि इतना ही देना कि दूसरों को भी दे सकूँ। मतलब, "मैं भी भूखा ना रहूँ और दरवाजे से कोई भूखा भी न जाए।"

इसके विपरीत छोटा भाई यही माँगता कि, "हे भगवान! मुझे हमेशा मिलता ही रहे, सब मुझे देते रहें एवं कोई मुझसे कभी कुछ न माँगे।" भगवान ने दोनों की सुनी एवं अगले जन्म में बड़ा भाई एक नामी सेठ बना और प्रचुर धन-संपत्ति का मालिक बनकर खुद भी सुख भोगता और दूसरों को भी यथोचित दान-दक्षिणा दे सहायता करता।

जबकि छोटा भाई अगले जन्म में भिखारी बनकर पूरी जिंदगी में सिर्फ दूसरों से लेता ही रहा। हमेशा पाता रहूँ एवं हर कोई मुझे देता ही रहे की सोच ने उसे भिखारी बना दिया था।

6. खुशी को लम्बे समय तक कैसे रखें?

अगर आप थोड़ा गौर से सोचेंगे तो पाएँगे कि खुशियां दो तरीके से मिलती हैं। एक जिसमें किसी की मनचाही वस्तु दे दी जाए। जैसे बच्चे की ज़िद पिज्ज़ा-बर्गर खाने की है और आपने दे दिया तो वह खुश हो जाता है। पर खाना खत्म होने के साथ ही वह खुशी भी खत्म हो जाती है। अर्थात् जो वस्तु बहुत सुगमता से प्राप्त हो जाए उसकी खुशी भी जल्दी मिट जाती है। इसे तत्कालीन खुशी कहते हैं।

दूसरे तरह की खुशी वो है जिसमें कठिन मेहनत, संघर्ष, समय एवं कठिनाइयाँ सम्मिलित होती हैं। एक विद्यार्थी को सफल होने के लिए काफी समय, मेहनत लगती है। तब कहीं उसे बड़े पद की प्राप्ति होती है। एक लेखक वर्षो की साधना से ज्ञान प्राप्ति करता है, उसे लिखता है और अन्त में उसे अंतर्राष्ट्रीय सम्मान मिलता है। इस तरह मुश्किल एवं कठिनाइयों से मिली खुशी लम्बे समय तक आपके साथ रहती है। इस खुशी में घर, समाज एवं देश सब सरीक हो जाते हैं। इसे दीर्घकालीन खुशी कहते हैं।

अगर आपको अपनी खुशियां लम्बे समय तक बनाए रखनी हैं, तो आपको खूब मेहनत, संघर्ष एवं कठिनाइयों से गुजरना होगा। क्योंकि दीर्घकालीन खुशियों को पाने का एकमात्र यही एक रास्ता है।

अध्याय - 10

प्रतियोगिता के कठिन दौर में तैयारी जबरदस्त रखें

लक्ष्य को पहचान कर उसे दिन भर में इतनी बार दोहराएँ कि बंद आँखों से भी केवल लक्ष्य ही नजर आए। जिंदगी एक प्रतियोगिता है और लक्ष्य, पानी में घूम रहा मछली के प्रतिबिम्ब की आँख है। हजारों काबिल योद्धाओं में कर्ण जैसे कितने ही महारथी बैठे हैं, आपको अर्जुन बनना है। याद रखिए, लक्ष्य मछली की आँख है बाकी तो भटकाव है।

दोस्त की सीख

एक बार दो दोस्त किसी घने जंगल से गुजर रहे थे, तभी सामने शेर आ गया। दोनों दोस्त घबरा गए। जिंदगी अंतिम सांसें ले रही थी। तभी एक दोस्त जमीन पर बैठ गया और अपने जूते के फीते बाँधने लगा। यह देखकर दूसरा दोस्त बोला कि यार तुझे क्या लगता है कि तू इस शेर से तेज भाग लेगा? तो पहला दोस्त कहता है कि "नहीं यार...! मुझे शेर से नहीं, तुझसे तेज दौड़ना है। क्योंकि शेर एक बार में एक ही शिकार करता है।"

यही सत्य है, आज कठिन प्रतियोगिता का दौर है और इसमें आपको अपने ही दोस्तों से रेस करना होगा, क्योंकि विजेता कोई एक को ही बनना है। जिंदगी एक जंग है और जीत-हार इसके दो पहलू हैं।

1. प्रतियोगिता की तैयारी कैसे करें?

"एक अनार, सौ बीमार" आपने सुना होगा पर वर्तमान परिप्रेक्ष्य में यह अक्षरशः सत्य है। प्रतियोगिता इतने कठिन दौर में है कि यहाँ न अच्छा, न बहुत अच्छा, न बेहतर और ना ही

सर्वश्रेष्ठ चुना जाएगा। यह वह रेस है जिसमें तेज धावक खरगोश भी हार जाता है और मंद-मंद गति से चलता हुआ कछुआ रेस जीत जाता है।

हाल ही में भारत ने चन्द्रमा पर एक मिशन भेजा था, जिसे 'चंद्रयान -3' नाम दिया गया। इस मिशन ने चन्द्रमा के दक्षिणी ध्रुव पर सॉफ्ट लैंडिंग करके इतिहास रच दिया। यह अभियान जब शुरू हुआ तो कछुए और खरगोश की कहानी फिर से चर्चा में आ गई। क्योंकि रूस ने लूना-25 को भी इसी रेस में उतारा। यह खरगोश की भाँति तेज दौड़कर केवल 10 दिन में रेस संपन्न करने वाला था। पर वह चाँद की सतह से टकराकर खत्म हो गया, पर भारत का चन्द्रयान-3 धीरे-धीरे पर लगातार आगे बढ़ता रहा और 40वें दिन चाँद के दक्षिण ध्रुव पर पहुँचकर एक नया कीर्तिमान गढ़ आया।

हालाँकि रूस इसके पहले एक बार चाँद पर जा चुका था और भारत के मुकाबले उसकी तकनीकी क्षमता भी ज्यादा थी, पर चूक कहाँ हो गई? बात है- योजना की और तैयारी की, जो इन बातों पर निर्भर करती है -

1. आपने योजना कितनी शानदार बनाई?
2. तैयारी कैसे संपन्न की?
3. आने वाली समस्याओं की पहचान और उसका निराकरण की क्षमता क्या थी?
4. प्लान 'B' कैसा है?

उपर्युक्त जो भी बातें हैं, उनको पूर्णतया हासिल करना है तो आपको प्रतियोगिता की तैयारी भी उसी तरीके से करनी होगी।

2. प्रतियोगिता की तैयारी करते समय इन बातों पर अवश्य ध्यान दें-

i. **लक्ष्य (Goal) निर्धारण करें:** लक्ष्य को पहचान कर उसे दिन भर में इतनी बार दोहराएँ कि बंद आँखों से भी केवल लक्ष्य ही नजर आए। जिंदगी एक प्रतियोगिता है और लक्ष्य, पानी में घूम रहा मछली के प्रतिबिम्ब की आँख है। हजारों काबिल योद्धाओं में कर्ण जैसे कितने ही महारथी बैठे हैं, आपको अर्जुन बनना है। याद रखिए, लक्ष्य मछली की आँख है बाकी तो भटकाव है। लक्ष्य को पहचान कर अपने शयनकक्ष में उससे संबंधित जानकारियों को Blank Paper पर लिखकर दीवार पर चिपका दें ताकि उठते-सोते वह इतनी बार दिखे कि दिमाग में अपनी छाप छोड़ दे।

ii. **अच्छी रणनीति बनाएँ:** एक विजेता की तरह प्रतियोगिता के सारे पहलुओं को विस्तार से समझे एवं पिछले अनुभवों या दूसरे लोगों के अनुभवों, उनकी असफलताओं से सीख लें। रणनीति बनाते समय इन बातों का ध्यान रखें -

- पिछली प्रतियोगिता में लोगों के अनुभव - सफल एवं असफल दोनों की जानकारी रखें।
- सफल उम्मीदवार से उसका प्रबल पक्ष सीखें।
- असफल उम्मीदवार से उसका कमजोर पक्ष जानें।
- अपनी रणनीति में प्रतियोगिता के प्रारूप को प्राथमिकता दें।

iii. **समय-सारणी बनाएँ:** प्रतियोगिता में आपकी रूचि के प्रश्न ही पूछे जाएँ वो जरूरी नहीं है। एक ही विषय जो आपको ज्यादा समझ में आता है वो ही ना 24 घंटे पढ़ें बल्कि एक टाइम टेबल बनाएँ। इससे प्रतियोगिता के प्रारूप के अनुसार आपका कोई भी विषय नहीं छूटेगा और सभी विषयों की तैयारी हो जाएगी।

iv. **उपयुक्त पुस्तकों का चयन:** युद्ध में वो ही योद्धा मैदान मार जाता है जो उपयुक्त हथियार के साथ मैदान में जाता है। आप जिस प्रतियोगिता की तैयारी कर रहे हैं उस से संबंधित उपयुक्त पुस्तकों का चयन जरूर करें। यह भी ध्यान रखें कि वो सम्पूर्ण पाठ्यक्रम को कवर करती है कि नहीं। पिछली प्रतियोगिता में इस पुस्तक से परीक्षार्थी को कितनी मदद मिली है? यह सब बातों को ध्यान रखकर पुस्तकों का चयन करें।

v. **खुद को हमेशा तैयार रखें:** आप जिस प्रतियोगिता की तैयारी कर रहे हैं, उससे संबंधित हर पहलुओं पर पैनी नजर रखें। इस दौरान सामान्य ज्ञान की बातें विशेष रूप से अपडेट कर लें। अखबार, संबंधित वेबसाइट से प्रतियोगिता से जुड़ा हुआ कोई फेर-बदल को अवश्य जानें।

vi. **नोट्स जरूर बनाएँ:** पढ़ते समय आप कितने ही पुस्तकों से चैप्टर के अनुसार, पाठ्यक्रम के अनुसार या सामग्री की उत्कृष्टता के अनुसार मदद लेते हैं। प्रतियोगी परीक्षा के नजदीक आने पर आप एक साथ सभी किताबें नहीं पढ़ सकते, पर हाँ अगर नोट्स बना लिया है तो आप किसी भी समय, कहीं से भी किताब की मुख्य बातों का सार दोबारा याद कर सकते हैं। कम समय में पूरे पाठ्यक्रम की जानकारी नोट्स आपको देगा।

3. प्रतियोगिता परीक्षा के 15 दिन पहले रणनीति बदल दें

आप पूरे समय किताबें पढ़ते रहें, नोट्स बनाते रहें पर यह तैयारी का प्रथम भाग था। इससे सफलता सुनिश्चित नहीं होती। परीक्षा के 15 दिन पहले आप इस रणनीति पर कार्य करें -

1. परीक्षा के माहौल में, समय के अनुसार पिछले 15 सालों के प्रश्न-पत्रों को 'एक दिन में एक' के हिसाब से हल करें। समय की समाप्ति के बाद उसे चेक करें एवं आप कमियों को लिखें। उस पर अमल करें, नोट्स से मदद लें। रोज एक प्रश्न पत्र को परीक्षा के

माहौल में, निर्धारित समय में हल करें एवं विश्लेषण करें ताकि कमियों को दूर किया जा सके। परीक्षा जैसे-जैसे नजदीक आती जाएगी, आपकी तैयारी बेहतर से उत्कृष्ट होती जाएगी।

2. **मन को शांत रखें**: आपने जो भी तैयारी की है उस पर आत्मविश्वास के साथ अडिग रहें एवं शांत मन से परीक्षा पर एकाग्र करें। भटकाव, बहाव एवं दूसरों के प्रभाव को नजरअंदाज करें। मानसिक शांति के लिए इन बातों पर अमल करें -

   - सुबह आधा घंटा प्राणायाम करें।
   - तैलीय, मसालेदार एवं मांसाहार खाद्य सामग्री न लें।
   - कठिन एक्सरसाइज से बचें।
   - कोई मनपसंद संगीत सुनें या प्रेरणात्मक बातों की किताबें पढ़ें।
   - परीक्षा में शांत मन से सम्मिलित हों।

अगर आप सहजता से इन बातों को आत्मसात करते हुए परीक्षा में सम्मिलित होते हैं तो सफलता सुनिश्चित है।

3. प्रतियोगिता परीक्षा के पहले आप खुद को प्रेरित करने के लिए इन पंक्तियों को पढ़ सकते हैं -

   - मेहनत इतनी खामोशी से करो, कि सफलता शोर मचा दे।
   - प्रतियोगिता के कठिन दौर में Sky is the limit और We are on the moon कहना बेईमानी होगी क्योंकि लोग सूरज पर जाने की तैयारी कर रहे हैं।
   - खुद की तरक्की में इतना वक्त लगा दो कि फालतू बातों के लिए टाइम ही ना हो।
   - मेहनत से इतना काबिल बन जाओ कि लोगों को आप तक पहुँचने के लिए कोशिश नहीं....!!! साजिश करनी पड़े।
   - पहचान ऐसी बनाकर छोड़ेंगे, की मौत भी आने से पहले पूछेगी.... May I come in Sir?
   - कदर करना सीख लो... ना जिंदगी वापस आती है, ना जिंदगी में आए हुए लोग।

     हाथ की लकीरें सिर्फ सजावट बयाँ करती हैं।

     किस्मत अगर मालूम होती तो, मेहनत कौन करता?

- जिंदगी में कठिनाइयाँ आयें तो उदास मत होना। क्योंकि कठिन रोल अच्छे एक्टर को ही दिए जाते हैं।
- देर से बनो पर जरूर कुछ बनो, जमाना खैरियत नहीं, हैसियत पूछता है। मुश्किल तो कुछ दिन रहेगी, लेकिन सफलता पूरी जिंदगी भर।
- यदि अपना परिचय खुद देना पड़े तो समझ लीजिए सफलता अभी दूर है।
- मेहनत से वो मुकाम हासिल कर लीजिए कि घर वाले भी कहें कि "लगा नहीं था कि तुम इतना कर लोगे...!!"

4. सफलता के लिए जानने योग्य बातें:

1. आप निरंतरता बनाए रखें: वो कहते हैं ना कि

"Slow and steady wins the race"

धैर्य, समझदारी एवं शांत और एकाग्र मन से निरंतर आगे बढ़ते रहें। फिर देखियेगा - घड़ी औरों की होगी और समय आपका।

2. धैर्य और दृढ़ संकल्प जरूरी रहे: लक्ष्य की प्राप्ति तक ध्यान को भटकने ना दें। संकल्प और इच्छा शक्ति से सब कुछ संभव है।

याद रखें :

"करत-करत अभ्यास ते, जड़मति होत सुजान

रसरी आवत-जात ते, सिल पर परत निशान।"

3 आत्मविश्वास बनाए रखें: आप ईमानदारी से एवं सच्चे मन से मेहनत जारी रखें। दूसरों पर ध्यान मत दें। अभ्यास करते रहें, एक दिन आप जरूर बुलंदियों पर पहुँचेंगे। महाभारत का वो दृश्य याद कीजिए, जब एकलव्य गुरु द्रोणाचार्य से शिक्षा लेने जाता है। गुरु केवल राजपरिवार के लोगों को शिक्षा देने की बात कहकर उसे मना कर देते हैं। फिर क्या...? एकलव्य ने गुरु द्रोणाचार्य की प्रतिमा के सामने पूरे उत्साह और आत्मविश्वास के साथ अभ्यास किया और आगे पूरा इतिहास उसके धनुर्विधा का गवाह बन गया।

4 धार्मिक एवं नैतिक मूल्यों पर चलें: संस्कृत का एक श्लोक है कि -

"काक चेष्टा, वको ध्यानं, श्वान निद्रा तथैव च।

अल्पाहारी, गृहत्यागी, विद्यार्थी पंच लक्षणं।।"

सफलता मिलने तक विद्यार्थी को इन पाँच गुणों को चरितार्थ करना चाहिए:

कौवे की तरह जानने की चेष्टा,

बगुले की तरह लक्ष्य पर ध्यान

कुत्ते की तरह हल्की नींद,

अल्पाहारी, आवश्यकतानुसार भोजन

और

गृह-त्याग की भावना

धार्मिक एवं नैतिक चरित्र आपको सदैव सदमार्ग पर रखते हैं, आप भटकने या खोने से बच जाते हैं। विद्यार्थी जीवन वास्तव में तप के समान है। जो जितनी कठिन तपस्या करेगा, भविष्य उसी का उज्ज्वल होगा।

5 सोशल मीडिया, मोबाइल का संतुलित प्रयोग: फेसबुक, ट्विटर, यू-ट्यूब सब के अपने फायदे हैं, पर इनका संतुलित एवं संयमित प्रयोग भी जरूरी है वरना आप इसके बहाव में संतुलन खो देंगे और असफलता के किनारे आ लगेंगे। बेहतर है जितना जरूरी हो उतना ही प्रयोग करें।

सर्कस के शेर की कहानी: (प्रतियोगिता आपके लिए जरूरी है)

एक समय वह भी आया जब सर्कस को बंद किया जाने लगा। क्योंकि मनोरंजन के साधन असीमित हो गए थे। लोग सिनेमा हॉल, थियेटर, मॉल, बीच या टूरिस्ट प्लेस पर जाने लगे थे। बाकी लोग सोशल मीडिया पर व्यस्त हो गए थे। ऐसे में सर्कस कौन जाता? एक दिन सर्कस के जानवरों एवं सामानों की नीलामी हो रही थी। एक-एक कर सारे सामान-कुर्सी, टेबल, त्रिपाल, पिंजरे सब बिक गए। फिर बारी आई, जानवरों की- हाथी, घोड़े, कुत्ते सब बिक गए पर शेर को कौन लेता? सो तय हुआ कि शेर को जंगल में छोड़ दिया जाएगा।

तय दिन शेर को जंगल में छोड़ दिया गया। पर सर्कस के मालिक को अपने चारों शेरों से बड़ा लगाव था। क्योंकि ये चारों सर्कस के सबसे ज्यादा कमाई के स्रोत रहे थे। मालिक चारों को अपने बच्चों की तरह मानता था। अभी पाँच ही दिन शेरों को जंगल में छोड़े हुए थे कि मालिक जंगल के गार्ड से उनका हाल-चाल पूछने निकल पड़ा। पर गार्ड ने जो बताया वो बड़ी चौंकाने वाली बात थी। उसने कहा कि चारों शेरों को जंगली कुत्तों ने मार कर खा लिया। कहानी यहाँ खत्म होती है, पर सवाल यह है कि कुत्तों ने शेर का शिकार कर लिया? बिल्कुल सत्य है। जानते हैं क्यों? क्योंकि सर्कस में रहते-रहते शेर अपने शिकार

करने की कला भूल गए थे। उन्हें पिंजरे में बैठे-बिठाए गोश्त मिल जाता था। फिर शिकार क्यों करते?

जबकि जंगली कुत्तों को रोटी कहाँ से मिलती? बचा-खुचा, जूठा खाना कौन देता? सो उन लोगों ने जीवन-यापन के लिए मिलकर झुंड में शिकार करना सीख लिया था। और ये सर्कस के शेरों को उन्होंने मारकर खा लिया।

सीखे ये है कि "खुद को पिता के पैसों पर पलने वाला शेर न बनने दें।" आप सर्कस के शेर की योग्यता जानते हैं कि गली के कुत्ते भी उनका शिकार कर लेते हैं। मेहनत से, ईमानदारी से पढ़ें एवं योग्यता हासिल कर वाकई के शेर बनें कि लोग आपको और आपकी योग्यता को दूर से ही सलाम करें।

याद रखिए, शुरुआत शून्य से होती है...!!!

शून्य अनुभव

शून्य उपलब्धि

शून्य प्रोत्साहन

शून्य तालियाँ

पर साहस, उम्मीद, दृढ़संकल्प और जीत की चाह, हर शून्य को स्वर्ण पदक में बदल देती है।

अध्याय - 11

अंतःप्रेरणा (Self Motivation) विकसित करें

श्री राम चरित मानस के रचयिता तुलसीदास जी की प्रेरणा उनकी पत्नी रत्नावली थीं। उन्होंने अपने पति तुलसीदास जी को अपने प्रति अथाह आसक्ति को देखकर कहा कि - हे नाथ! मेरी काया से जितना प्रेम करते हो, इतना प्रेम अगर राम से करते, तो आपका जीवन धन्य हो जाता। इन्हीं बातों ने तुलसीदास को इतना प्रेरित किया कि हिन्दी साहित्य के गौरव ग्रंथ 'रामचरितमानस' की रचना कर डाली।

1. पहले यह जानें कि प्रेरणा क्या है?

प्रेरणा एक ऐसी प्रक्रिया है जिसके माध्यम से हम किसी व्यक्ति की सुप्त ऊर्जा को सक्रियता प्रदान करते हैं और वह कुछ ऐसा कर जाता है कि बाद में खुद भी अचंभित हो जाता है। भगवान ने सारे मनुष्यों को वो हर औजार दिए हैं जिससे वो जिंदगी को सुगम एवं सफल बना सके। लिहाजा हाथ, पैर, आँख, नाक, कान और मस्तिष्क का समान रूप से हर व्यक्ति उपयोग कर सकता है। पर कुछ लोग इसको इतना प्रशिक्षित कर लेते हैं कि उनका जीवन औरों के लिए प्रेरणा बन जाता है। जबकि कुछ हतोत्साहित, उदासीन एवं निष्क्रिय बनकर जीवन का सत्यानाश कर लेते हैं।

प्रेरणा का चमत्कार

रामायण का वह दृश्य याद कीजिए जब सारे वानर माता सीता की खोज में धरती का कोना-कोना छान मारते हैं। एक समय वह भी आता है जब जटायु का भाई, माता सीता को अशोक वाटिका में रखने की बात कहता है। वह कहता है कि रावण द्वारा हरण कर समुद्र के पार लंका

नगरी में माता सीता को रखा गया है। फिर समस्या यह कि समुद्र को कौन लांघे ? तब जामवन्त हनुमान जी को उनकी शक्ति कुछ यूँ याद दिलाते हैं -

"कहई रीक्षपति सुनु हनुमाना।
का चुप साधि रहेहु बलवाना।।
पवन तनय बल पवन समाना।
बुद्धि विवेक बिग्यान निधाना।।
कवन सो काज कठिन जग माहीं।
जो नहिं होई तात तुम्ह पाहीं।।

जामवंत जी, हनुमान को उनकी शक्ति याद दिलाते हुए कहते हैं कि हे पवन सुत हनुमान! क्या आप भूल गए कि आप पवन पुत्र हैं और आपका बल भी पवन के समान ही है। साथ में आप बुद्धि-विवेक और विज्ञान के धनी हैं। कोई कार्य आपके लिए कठिन नहीं है। ऐसी छलांग लगाइए कि सीधे एक छलांग में समुद्र लांघकर उस पार की धरती पर पहुँच जाएँ। ऐसे वचन सुनकर हनुमान जी का सम्पूर्ण शरीर तेज से भर गया। अजीब उत्साह से भरकर बोले कि हाँ! मैं इस खारे समुद्र को लांघ जाऊँगा और आगे की कहानी सब को पता है।

यह होता है प्रेरणा का प्रभाव। यह शरीर में ऊर्जा का बहाव ले आता है और आप अपनी सोच से परे कार्य को भी अंजाम दे देते हैं।

2. प्रेरणा का स्रोत क्या है?

रॉबर्ट कियोसाकी कहते हैं कि "सफलता प्राप्त होने के बाद मिलने वाले आनंद और खुशी की कल्पना ही हार्डवर्क करने की प्रेरणा देती है।"

भगवद् गीता में श्री कृष्ण ने कहा कि "मनुष्य को केवल कर्म करने का अधिकार है, उसे फल की कामना नहीं करनी चाहिए। पर मनुष्य कर्म तभी कर सकता है, जब उसमें कोई प्रेरणा जागे। प्रेरणा अंदर से आती है, इसे खरीदा नहीं जा सकता। किसी में ये ज्यादा होती है तो किसी में कम। पर सभी को इसकी जरूरत होती है। वैसे ही जैसे शरीर को कसरत की जरूरत होती है और पौधों को पानी की।"

महात्मा गाँधी ने कहा था कि, "तीन लोगों ने मेरे जीवन पर गहरी छाप छोड़ी है और मुझे मंत्र मुग्ध किया है। रायचंद भाई ने अपने जीवंत संपर्क से, टॉल्स्टाय ने अपनी पुस्तक 'द किंगडम ऑफ़ गॉड इज विदीन यू' और रस्किन ने अपनी पुस्तक 'अनटू दिस लास्ट' से।" इन तीन के अलावा गोपाल कृष्ण गोखले, भगवद् गीता और बाइबल गाँधी जी के प्रेरणा के स्रोत थे।

स्पष्ट है कि हर व्यक्ति के लिए प्रेरणा स्रोत अलग-अलग होते हैं। आप क्रिकेटर हैं तो तेंदुलकर आपके प्रेरणा स्रोत हो सकते हैं, अगर आप पॉलिटिशियन हैं तो नेहरू, मंडेला या अब्राहम लिंकन आपके प्रेरणास्रोत हो सकते हैं, कलाकार हैं तो अमिताभ बच्चन प्रेरणा स्रोत हो सकते हैं।

3. प्रेरणा स्रोत कौन हो सकते हैं?

मनुष्य एक सामाजिक प्राणी है वह हर प्रकार के लेन-देन इसी समाज से करता है। माँ-बाप आपको जीवन देते हैं, शिक्षक आपको योग्यता देते हैं, समाज आपके संस्कारों और आपकी योग्यता की परीक्षा लेता है और आपकी योग्यता और क्षमता के अनुसार आपको वही वापस करता है। हम जिंदगी भर कुछ-न-कुछ सीखते रहते हैं और हर रोज कुछ ऐसी घटनाएँ घट जाती हैं कि हम उनसे प्रेरित हुए बगैर नहीं रह सकते।

श्री राम चरित मानस के रचयिता तुलसीदास जी की प्रेरणा उनकी पत्नी रत्नावली थीं। उन्होंने अपने पति तुलसीदास जी को अपने प्रति अथाह आसक्ति को देखकर कहा कि - हे नाथ! मेरी काया से जितना प्रेम करते हो, इतना प्रेम अगर राम से करते, तो आपका जीवन धन्य हो जाता। इन्हीं बातों ने तुलसीदास को इतना प्रेरित किया कि हिन्दी साहित्य के गौरव ग्रंथ 'रामचरितमानस' की रचना कर डाली।

महात्मा बुद्ध की प्रेरणा से डाकू अंगुलीमाल एक महान् संत बन गया।

एकलव्य के लिए गुरु द्रोण की प्रतिमा ही प्रेरणास्रोत थी।

एक संत की प्रेरणा से डाकू रत्नाकर का जीवन ही बदल गया और महर्षि वाल्मीकि बन गए। उन्होंने संस्कृत भाषा में रामायण की रचना की।

सच कहा जाए तो प्रेरणा स्रोत कोई भी हो सकता है जो आपकी ऊर्जा को सकारात्मक तरीके से प्रयोग में लाने की क्षमता रखता हो। लिहाजा आपके माता-पिता, आपके शिक्षक, आपके सहकर्मी या समाज की कोई घटना सब प्रेरणा के स्रोत हैं।

4. प्रेरणा के प्रकार :

प्रेरणा अपने आप में एक व्यापक शब्द हैं। इसके कई प्रकार हो सकते हैं, लिहाजा सकारात्मक एवं नकारात्मक प्रेरणा भी संभव है। पर जब हम सकारात्मक दृष्टि से प्रेरणा पर विचार करते हैं तो इसके दो प्रकार हैं -

- अंत:प्रेरणा/आंतरिक प्रेरणा
- बाह्य प्रेरणा/बाहरी प्रेरणा

अंत:प्रेरणा खुद की खुशी, संतुष्टि, आनंद एवं उपलब्धि की भावना से ओत-प्रोत होती है। आप अपने सपनों को, अपनी रुचियों को पूरा करने के लिए यह कार्य करते हैं। मान लें आप अपना वजन कम करने के लिए प्रतिदिन दौड़ते हैं, योग करते हैं या जिम जाते हैं तो आप अंत:प्रेरणा से उत्साहित होकर ऐसा करते हैं और जब लोग आपको 'फिट मैन', तंदुरुस्त या स्वस्थ कहते हैं तो आपको आंतरिक आनंद एवं संतुष्टि मिलती है।

बाह्य प्रेरणा में बाहरी कारकों की वजह से आप प्रेरित होकर काम करते हैं। पुरस्कार, सामाजिक इज्जत और प्रतिष्ठा, पदोन्नति ये बाहरी कारक हैं जिसके लिए जी-जान, लगन एवं पूरे मन से आप समर्पित होकर कार्य करते हैं।

5. अंतः प्रेरणा विकसित क्यों करें :

अंत:प्रेरणा आपके अंदर की रूचि से जन्म लेती है और यह सदैव आपको प्रेरित करती रहती है। दुनिया में जितने भी महान् लोग हुए या जो भी लोग सफलता के उच्चतम शिखर पर खड़े हैं वो अपनी आंतरिक प्रेरणा से ही हैं। बाह्य प्रेरणा एक समय के बाद क्षीण हो जाती है, कमजोर हो जाती है या कार्य करना बंद कर देती है, पर अंत:प्रेरणा हमेशा जागृत रहती है और आपको जीवन पथ पर अग्रसर रखती है।

(i) अंतःप्रेरणा की देन: आंतरिक प्रेरणा आप में अमृत का बहाव करती है और इसके निम्नलिखित फायदे हैं :-

- यह आपको आंतरिक खुशी देती है।
- संतुष्टि एवं आनंद प्रदान करती है।
- आप सकारात्मक ऊर्जा से भरने लगते हैं।
- आप दिन-प्रतिदिन नई-नई उपलब्धियाँ पाने लगते हैं।
- जिंदगी आपको उम्मीद भरी नज़रों से देखने लगती है।
- समाज में आप एक मिसाल के तौर पर देखे जाते हैं।

6. अंतःप्रेरणा विकसित करने वाले बोल :

आपको बॉलीवुड फिल्म की वो पंक्तियाँ तो याद ही होंगी, जिसे सुनकर आपके रोंगटे खड़े हो जाते हैं।

- How is the Josh ? .... High Sir ....!!!
- जब तक तोड़ेंगे नहीं, तब तक छोड़ेंगे नहीं।

- रोटी के बिना इंसान चार हफ्ते जी सकता है, पानी के बिन चार दिन और हवा के बिना शायद चार मिनट, पर उम्मीद के बिना इंसान चार सेकेंड भी नहीं जी सकता।
- मैं उड़ना चाहता हूँ, दौड़ना चाहता हूँ, गिरना भी चाहता हूँ.... बस रुकना नहीं चाहता।
- बच्चा....! काबिल बनो, काबिल.... कामयाबी तो झक मारके पीछे भागेगी।
- Don't underestimate the power of a common man.
- जो हारता है, वो ही तो जीतने का मतलब जानता है।
- लोग अपनी जिंदगी बनाते हैं... मैं अपनी जन्नत बनाता हूँ।
- जो दुनिया को नामुमकिन लगे... वही मौका होता है.... करतब दिखाने का।
- कोई तुम्हें तब तक नहीं हरा सकता, जब तक कि तुम खुद से न हार जाओ
- जिंदगी में तीन चीज कभी underestimate नहीं करना....... I, me and myself.
- भगवान के भरोसे मत बैठिये....! क्या पता भगवान हमारे भरोसे ही बैठा हो।

अध्याय - 12

विकास में बाधक तत्त्वों को कैसे पहचाने?

अपने राह का रोड़ा हटाना है तो अपने अंदर की गहराइयों में जाएँ एवं जो भी बाधक तत्त्व दिखें उसकी लिस्ट बनाएँ एवं उस पर कार्य करें। आप धीरे-धीरे धैर्य एवं नियंत्रण से सब कर सकते हैं। इतिहास गवाह है कि उसने अपनी तारीख में एक से एक युगांतकारी घटनाएँ देखी हैं। विकलांग लोगों ने एवरेस्ट फतह किये हैं। गाँव के सबसे अभावग्रस्त लोगों ने आई.आई.टी. ही नहीं, बल्कि आई.ए.एस. में अव्वल स्थान प्राप्त किया है।

जिंदगी एक बार मिलती है और इसी में गिरना, संभलना, सोना-जागना, हारना-जीतना, सफलता-असफलता क्रमश: आते-जाते रहते हैं। किसी ने कहा था कि, "जिंदगी इतनी बड़ी नहीं होती कि सारी गलतियां करके ही सीखी जाए, कुछ तो हमें दूसरों की गलतियों से भी सीखना चाहिए।"

आप हर एक दिन के साथ मौत के करीब जा रहे हैं, तो क्या ये जिंदगी आप ऐसे ही जाया कर देंगे? नहीं.... ना....!! तो आपको आपकी तरक्की से कौन रोक रहा है? कौन है जो आपको बढ़ते हुए नहीं देखना चाहता? आइए इसकी एक लिस्ट बनाएँ :-

विकास में बाधक तत्त्व उत्तर लिखें

- कौन आपको सुबह जल्दी नहीं जागने देता? ....
- किसे देर तक जागकर व्यर्थ समय खराब करने की आदत है?..........
- कौन आज का काम थोड़ी देर बाद या कल करने की सलाह आपको देता है?..........
- कौन कहता है कि अलार्म बंद कर थोड़ी देर और सो लिया जाए? ....

- कौन मोबाइल, सोशल मीडिया पर व्यर्थ समय गँवाने की इजाजत देता है? ....
- कौन आपको अच्छा करने, सकारात्मक सोचने एवं अच्छी किताबें पढ़ने से रोकता है? ....
- कौन कहता है कि कल किसने देखा है? ....
- कौन है जो आपके द्वारा बनाया गया टाइम टेबल या रूटीन फॉलो नहीं करता? ....
- कौन है जो आपको माँ-बाप, शिक्षक एवं दूसरों की बताई अच्छी बातों को अमल करने से रोकता है? ....
- कौन है जिसे बात-बात में आलस आता है? ....

क्या आपको पता चल गया कि आपके विकास के रास्ते की बाधा क्या है? अगर पता चल गया तो उस व्यक्ति को सुधारने में आप मदद करें। और अगर पता नहीं चला तो उपर्युक्त जवाबों को तैयार करने में गंभीरता दिखाएँ।

हमें लगता है कि माता-पिता, शिक्षक एवं दूसरे बड़े लोग जो हम पर पढ़ाई में ध्यान देने की बात करते हैं, हमें व्यर्थ समय गँवाने से रोकते हैं, बार-बार टोकते रहते हैं, वो हमारे दुश्मन हैं। पर कभी ध्यान से सोचेंगे तो पता चलेगा कि वो ऐसा क्यों करते हैं?

(क) अब इन बातों को ध्यान से सोचें एवं लिखें :

1. आपकी सफलता एवं तरक्की में सबसे ज्यादा खुशी किसे होगी?
2. कौन आपकी जीत, आपका मेडल और आपको मिले सम्मान को प्राप्त करेगा?
3. पद के साथ मिलने वाली सुविधाएँ बंगला, गाड़ी, सहायक, सुरक्षा एवं सामाजिक प्रतिष्ठा किसे प्राप्त होगी?
4. आज आपकी मेहनत, कल रंग लाएगी तो इसको कौन एन्जॉय करेगा?
5. कल को सँवारने में अगर आज थोड़ी मेहनत करनी पड़े तो किसे करनी चाहिए?

सच कहा जाए तो आपके मार्गदर्शक लोग, आपके शिक्षक, माता-पिता और आपके शुभचिंतक सभी आधे से ज्यादा जिंदगी जी चुके होते हैं और वो स्वयं पर आश्रित हैं। ये आप हैं जिसके सामने पूरी उम्र पड़ी है, जिसको अपने पैरों पर खड़ा होना है, जिसको जिंदगी जीनी है। वो लोग जो आपको राह दिखाते हैं, बुरी संगत छोड़ने को कहते हैं, मोबाइल, टीवी, सोशल

मीडिया आदि से दूरी बनाने को कहते हैं। इन सबकी बातें आपको अभी बुरी लग सकती हैं पर सच मायने में वो आपकी जिंदगी को सँवारना चाहते हैं।

जीत के जिद्दी घोड़े की कहानी

घोड़े की पीठ पर बैठा उसका मालिक बार-बार घोड़े पर चाबुक से प्रहार करता है। जबकि उसे पता है कि ऐसा करने से घोड़े को दर्द होता है, जख्म होता है। पर वो ऐसा करता है - घोड़े की स्पीड बढ़ाने के लिए, रेस में बने रहने के लिए, रेस में अव्वल रहने के लिए और अंत में वही घोड़ा रेस जीत जाता है। यही जिंदगी है, आज आपके माता-पिता, शिक्षक, शुभ-चिंतक की बातें आपको आहत करने के लिए नहीं बोली जाती हैं। हो सकता है उनकी कड़वी बातों से आपको तकलीफ होती हो पर याद रखिएगा वो आपके हित में बोलते हैं। ताकि आने वाले समय में आप 'रेस के चैम्पियन" बन सकें।

राह की बाधाओं की लिस्ट बनाएँ:

अब तक आप जान चुके हैं कि आपकी राहों का रोड़ा, आपके रास्ते का सबसे बड़ा पत्थर आप स्वयं हैं। इसे दूर भी आपको ही करना है।

सांभर (हिरण) की कहानी

हिरण की ही जाति का एक प्राणी सांभर (साम्भर) है। उसके सींग बड़े एवं मजबूत होते हैं। सींग में बड़ी सारी शाखाएँ निकली रहती हैं। एक साम्भर प्रतिदिन झील के किनारे खड़े होकर अपने चेहरे को और सर पर सींगों के अद्भुत श्रृंगार को निहारा करता एवं भगवान् को सर पर सींगों वाला ताज देने के लिए धन्यवाद देता। झील के आईने में रोज अपने आप को घंटों निहारा करता। पर एक बात पर भगवान् से उसकी बड़ी नाराज़गी थी। वो ये कि उसके पैर सूखी लकड़ी की तरह पतले और आकर्षणरहित थे। भगवान को कोसता कि जितना सुंदर सर का श्रृंगार है, उतना ही बुरा ऊपरवाले ने उसके पैरों के साथ किया है।

एक दिन वह जंगल में मजे से घास चर रहा था कि एक शेर की नज़र उस पर पड़ गई। भूखा शेर उसे पकड़ने को दौड़ा तो साम्भर तेजी से भागा। खाली मैदान में साम्भर तेजी से दौड़ते हुए काफी आगे निकल गया। शेर काफी पीछे रह गया था। शेर उसकी स्पीड का मुकाबला नहीं कर सकता था। तभी पासा पलट गया। साम्भर खुद के बचाव में घनी झाड़ियों में जा घुसा और सर के सींगों के जाल झाड़ियों में बुरी तरह उलझ गए। वह छटपटाने लगा, भागने के लिए, बचने के लिए, पर सब व्यर्थ! पर एक बात जो उसने महसूस किया वो ये कि जिसे जिंदगी भर सूखी लकड़ी कहकर कोसता रहा, वही पैर आज भी साथ निभाने को तैयार थे और जिसको वो सर का ताज समझ रहा था वो जिंदगी का काल बन गया।

कहानी छोटी है पर जिंदगी का सार बताती है। हमें अपनी कमजोरियों एवं अपने प्रबल पक्ष को जरूर जानना चाहिए। कमजोरियों पर कार्य करें एवं प्रबल पक्ष में और धार लगाएँ।

सामान्यत: लोभ, मोह, काम, क्रोध, ईर्ष्या, आलस एवं अहंकार को सबसे बड़ा शत्रु माना गया है। ये वह तत्त्व हैं जो आपको अंदर से खोखला करते रहते हैं। ये हमारी इन्द्रियों को अपने वश में करके हमारा नाश करते हैं। आदमी इनके वशीभूत दुनिया का हर गलत कार्य कर बैठता है और उस समय आपकी बुद्धि एवं विवेक काम करना बंद कर देते हैं। रश्मिरथी में राष्ट्रकवि रामधारी सिंह 'दिनकर' लिखते हैं कि -

"जब नाश मनुज पर छाता है,

पहले विवेक मर जाता है।"

अपने राह का रोड़ा हटाना है तो अपने अंदर की गहराइयों में जाएँ एवं जो भी बाधक तत्त्व दिखें उसकी लिस्ट बनाएँ एवं उस पर कार्य करें। आप धीरे-धीरे धैर्य एवं नियंत्रण से सब कर सकते हैं। इतिहास गवाह है कि उसने अपनी तारीख में एक से एक युगांतकारी घटनाएँ देखी हैं। विकलांग लोगों ने एवरेस्ट फतह किये हैं। गाँव के सबसे अभावग्रस्त लोगों ने आई.आई.टी. ही नहीं, बल्कि आई.ए.एस. में अव्वल स्थान प्राप्त किया है। दशरथ मांझी ने छैनी-हथौड़े के प्रहार से पहाड़ को काटकर रास्ता बना लिया था। आप तो फिर भी इनसे अच्छी स्थिति में हैं।

1. आपका सबसे बड़ा दुश्मन एवं सर्वश्रेष्ठ मित्र कौन है?

इस सवाल का जवाब श्रीमद भगवद् गीता में मिल जाएगा। श्री कृष्ण अपने उपदेश में अर्जुन से कहते हैं कि -

"उद्धरेदात्मनात्मानं नात्मानमवसादयेत्।

आत्मैव हयात्मनो बन्धुरात्मैव रिपुरात्मन:।।"

अर्थात् आप स्वयं ही इस समुद्र रुपी संसार से अपना उद्धार करें और अपने को अधोगति में न डालें, क्योंकि यह मनुष्य आप ही अपना मित्र है और आप ही अपना शतु।

2. सवाल जो आपको खुद से करना चाहिए?

आत्ममंथन करने पर बड़े-से-बड़े क्लिष्ट सवालों के जवाब मिल जाते हैं। महात्मा बुद्ध वर्षो तक एक पीपल के वृक्ष के नीचे बैठकर तप करते रहे, आत्म-मंथन करते रहे एवं अंत में उनको सभी सवालों के जवाब मिल गए, जो उनके जहन में वर्षो से चोट कर रहे थे। यह एक बड़ा एवं विश्वसनीय तरीका है जिसके माध्यम से आप स्वत: आत्म-मंथन से एक बड़ी समस्या का हल प्राप्त कर सकते हैं।

3. वाई-वाई एनालिसिस (Y.Y. Analysis)

इसे 5Y - Analysis भी कहते हैं। टोयोटा मोटर कॉरपोरेशन में इस तकनीक का व्यापक उपयोग किया जाता है। टोयोटा प्रोडक्शन सिस्टम के आर्किटेक्ट 'टाई ची ओहनो' ने इस Why-Why Analysis पद्धति का वर्णन बड़े वैज्ञानिक दृष्टिकोण के आधार पर किया है।

(ii) वाई-वाई एनालिसिस से समस्या कैसे हल करें?

सबसे पहले हमें एक विशिष्ट समस्या से शुरू करना है। जैसे कि ऐसी कौन सी बात है जिससे समस्या उत्पन्न हो रही है। बार-बार पूछे कि समस्या क्यों हो रही है? हर WHY के नीचे उत्तर लिखें और जब तक आप समस्या के मूल कारण तक नहीं पहुँच जाते तब तक आपके द्वारा लिखे गए प्रत्येक उत्तर के लिए WHY WHY पूछते रहें। पाँचवीं बार WHY लिखने तक आपको समस्या का मूल कारण पता चल जाएगा।

उदाहरण से समझें :- मान लीजिए किसी व्यक्ति को प्रतिदिन ऑफिस में लेट आने की वजह से डाँट पड़ती है एवं सैलरी भी काट ली जाती है।

समस्या : मैं प्रतिदिन ऑफिस देर से पहुँचता हूँ।

↓ क्यूँ (WHY No. 1)

उत्तर (1): मैं सुबह लेट से उठता हूँ।

↓ क्यूँ (WHY No. 2)

उत्तर (2): क्योंकि रात में देर से सोता हूँ।

↓ क्यूँ (WHY No. 3)

उत्तर (3): क्योंकि देर रात तक मोबाइल देखता हूँ।

समस्या का मूल कारण : देर रात तक मोबाइल देखना।

90% से ज्यादा बार आपको तीसरा वाई समस्या का मूल कारण बता देगा।

(iii) आपको खुद से क्या सवाल करना चाहिए?

आपको ऊपर में समस्या के मूल कारण को ज्ञात करने की विधि बताई गई। अकेले में या जब मौका मिले खुद से रू-ब-रू होने का, तो इन सवालों के जवाब जरूर ढूँढें। सवाल जो आपको खुद से पूछना चाहिए?

- मैं कौन हूँ?
- मेरी पहचान क्या है?
- मेरे रहने से किसी को या मुझे क्या फायदा है?
- कल मैं ना रहूँ तो किन लोगों को नुकसान होगा?
- मेरा इस ब्रह्मांड में अस्तित्व क्या है?
- मेरे संघर्ष के साथी कौन हैं?
- मेरे गलत व्यवहार से किसे दु:ख होता है?
- मेरी सफलता वाकई मेरी है?

अध्याय - 13

जोखिम लेने से परहेज़ न करें...!!!

रिस्क लेने वाले कभी हारते नहीं हैं। बल्कि या तो बदलाव लाते हैं या अनुभव पाते हैं। दोनों ही आपके लिए अनमोल हैं। याद रखिए, "इंतजार करने वाले को बस उतना ही मिलता है जितना मेहनत करने वाले छोड़ देते हैं।" आप जितने भी लोगों को जानते हैं जो मानवता के इतिहास के पन्नों पर सफल नेता, अभिनेता, व्यवसायी, खिलाड़ी के रूप में अपनी अमिट छाप छोड़ गए, वो सब कभी-न-कभी रिस्क जरूर लेते हैं तभी भीड़ से अलग हैं।

संत कबीरदास ने कभी कहा था कि:

"जिन खोजा तिन पाइया, गहरे पानी पैठ।

मैं बपुरा बूडन डरा, रहा किनारे बैठ।"

तात्पर्य यह है कि जो डर कर या पानी के बहाव में डूबने के भय से किनारे बैठा रहता है, उसे पश्चाताप के अलावा कुछ नहीं मिलता। पर जो रिस्क लेकर नदी की गहराई में जाता है मोती उसी को मिलता है। अल्बर्ट आइंस्टीन ने एक बार कहा था कि, "समुद्री जहाज किनारे पर सबसे ज्यादा सुरक्षित होता है, लेकिन वह वहाँ पर खड़े रहने के लिए नहीं बना।"

अब्दुल कलाम ने कहा कि, "प्रत्येक व्यक्ति को सपना देखना चाहिए, जो बड़े सपने नहीं देखते वो बड़े नहीं बन सकते।"

आपकी तरह ही हर व्यक्ति को समान क्षमता का मस्तिष्क मिला है, आँख-नाक-कान-हाथ-पैर सब बराबर हैं। समय भी 24 घंटे का ही सबको मिलता है, पर कोई इतिहास के पन्नों में जगह

बना लेता है और कोई समय की बालुका राशि पर नाम लिखता रहता है जिसे वक्त की हवा एक पल में मिटा देती है।

1. लोग जोखिम लेने से क्यों डरते हैं?

- **असफलता का भय**: हर व्यक्ति भीड़ का हिस्सा बनकर जिंदगी जीना चाहता है। पर याद रखें, "भीड़ सफलता भले दे देती हो, पर पहचान छीन लेती है।" अच्छा यही है कि भीड़ से हटकर थोड़ा रिस्क लेना सीखें। जीतेंगे तो खुशी मिलेगी और हारेंगे तो अनुभव।
- **आत्म-विश्वास की कमी**: कई लोग समुद्र के किनारे से लहरों को देखते रह जाते हैं। पूरी जिंदगी पानी में नहीं उतरते और उनका आत्म-विश्वास उन्हें कभी रिस्क लेने की इजाजत नहीं देता। बहुत कम लोग जानते होंगे कि शब्दों के मायने बदलते रहते हैं। आप जिसे FAIL कहते हैं, दूसरे लोग "First Attempt in Learning" कहते हैं। ऐसे ही No का मतलब आप नकारात्मक मानते हैं पर बुद्धिजीवी इसे Next Opportunity कहते हैं।
- **लोक-लाज**: कहीं मैंने सुना था कि जिस पथ पर दुनिया के महान लोग जाते हैं, आप भी वही मार्ग चुनें। पर सच यह है कि आप कई बार नया कुछ इसलिए नहीं करते कि लोग क्या कहेंगे?

"सबसे बड़ा रोग, क्या कहेंगे लोग?"

- सोचने का तरीका बदलिए। बस नहीं छूटती है...! आप छूट जाते हैं।

- गाय दूध नहीं देती है...! गाय का दूध निकालना पड़ता है।

- कुछ पाने के लिए कुछ खोना नहीं पड़ता है। कुछ पाने के लिए, कुछ करना पड़ता है।

- चार लोग देख रहे हैं, लोग क्या कहेंगे? यह सब अर्थहीन शब्द हैं।

-स्वामी विवेकानंद ने कहा, "सफल हुए तो नेतृत्व करोगे और असफल हुए तो मार्गदर्शन।"

सच यह है कि जो लोग रिस्क नहीं ले रहे हैं, उनकी जिंदगी सबसे ज्यादा रिस्क में है।

- **निर्णय लेने की क्षमता का अभाव**: बहुत लोगों को पता होता है कि यह कार्य वो सरलता से कर लेंगे पर कंफर्ट जोन से बाहर नहीं आना चाहते।

रागिनी के पौधे

रागिनी एक बड़ी एम.एन.सी. में सॉफ्टवेयर इंजीनियर थी। काम में कुशल एवं तेज तर्रार थी। कई बड़े प्रोजेक्ट्स उसने अपनी कंपनी के लिए किए थे। उसने नोएडा में खुद का बड़ा

आलीशान सा बंगला भी खरीद रखा था। रागिनी के कार्य से खुश होकर बॉस ने उसका प्रमोशन कर दिया एवं बंबई शहर में एक बड़े प्रोजेक्ट का हेड बनाकर तबादला कर दिया। रागिनी प्रमोशन से तो बड़ी खुश थी, पर तबादले से दु:खी थी। शाम को जब घर गई तो अपने आलीशान बंगले को देखा, गमले में खिले एक-एक फूल उसे बड़े प्यारे लगते थे। उसने बच्चों की तरह पाला था इन पौधों को। मन-ही-मन सोचने लगी कि नए शहर में फिर से फ्लैट ढूँढना होगा, सब सामान शिफ्ट करना होगा और इन पौधों को जड़ से उखाड़ कर ले जाना होगा। ये पौधे तो सूख जाएँगे। यह सोचते हुए उसने बॉस को फोन लगाया और इस प्रोजेक्ट पर काम करने से मना कर दिया। रात में उसे सुकून एवं चैन की नींद आई। अगली सुबह जब ऑफिस गई तो राम नरेश जो उससे काफी जूनियर पद पर था और कंपनी ज्वाइन किए हुए मुश्किल से एकाध साल हुआ था वो बड़ी खुशी एवं उत्साह से सबके गले मिलकर मिठाई बाँट रहा था। पूछने पर पता चला कि बॉस ने डबल प्रमोशन एवं इंक्रीमेंट के साथ बंबई वाले प्रोजेक्ट का टीम लीडर बना दिया है। रागिनी पत्थर की मूर्ति सी अवाक् खड़ी थी। जैसे उसके हाथ का लड्डू कोई और ले गया हो।

सचमुच, हम बदलाव से डरते हैं, कुछ नया करने का निर्णय लेने में असहज महसूस करते हैं। हम वही करना चाहते हैं जिसमें हमें सहूलियत हो। याद रखिए, जिंदगी में रिस्क लेना ही पड़ता है क्योंकि डूबने का खतरा तो उसे भी होता है जो तैरना जानता है।

2. रिस्क/जोखिम क्यों लेना चाहिए?

किसी ने सच ही कहा है कि, "ख्वाब देखने वाले जब रिस्क लेने से डरते हैं, तब बड़ी बेरहमी से वो अपने सपनों का कत्ल करते हैं।"

रिस्क लेने के निर्णय से ही आत्मविश्वास झलकता है। यह आपको लेना ही चाहिए क्योंकि यह आपके व्यक्तिगत विकास में भी सहायक होगा।

- अपनी क्षमताओं को परखने के लिए।
- आपकी अलग पहचान के लिए।
- समय के साथ चलने के लिए।
- अपने सर्वांगीण विकास एवं कौशल वृद्धि के लिए।
- कुछ नया (Out of Box) करने के लिए।

रिस्क लेने वाले कभी हारते नहीं हैं। बल्कि या तो बदलाव लाते हैं या अनुभव पाते हैं। दोनों ही आपके लिए अनमोल हैं। याद रखिए, "इंतजार करने वाले को बस उतना ही

मिलता है जितना मेहनत करने वाले छोड़ देते हैं।" आप जितने भी लोगों को जानते हैं जो मानवता के इतिहास के पन्नों पर सफल नेता, अभिनेता, व्यवसायी, खिलाड़ी के रूप में अपनी अमिट छाप छोड़ गए, वो सब कभी-न-कभी रिस्क जरूर लेते हैं तभी भीड़ से अलग हैं।

3. वो तत्त्व जो आपको रिस्क लेने के लिए प्रेरित करते हैं।

कहीं किसी दिन एक सेमिनार में स्कूल के बच्चों के मुख से मैंने बड़ी प्रेरक पंक्तियाँ सुनी थी। वो ये थीं -

"मुश्किल नहीं है कुछ दुनिया में, तू हिम्मत तो कर
ख्वाब बदलेंगे हकीकत में, तू जरा कोशिश तो कर
आँधियां, मुश्किलें कहाँ सदा के लिए हैं?
मिलेगी मंजिल, तू चल निरंतर
समुद्र की लहरें एक ललकार है
पार होगी नईया, तू जरा कोशिश तो कर"

सचमुच ये पंक्तियाँ बड़ी प्रेरणादायक हैं। हमेशा बड़ी सोच एवं अच्छी किताबों के साथ, अच्छे लोगों का साथ आपको रिस्क लेने की प्रेरणा देते हैं। क्योंकि किसी ने कहा है कि -

"राह संघर्ष की जो चलता है,
वही संसार को बदलता है,
जिसने रातों से जंग जीती है,
वही सूर्य बनकर निकलता है।"

i. तत्त्व जो आपको रिस्क लेने के लिए प्रेरित करते हैं -

- सफल लोगों का संघर्ष।
- असफल लोगों की सीख एवं उनका अनुभव।
- अंत:प्रेरणा।
- कुछ कर गुजरने की चाह।
- खुद से ठानी हुई जिद्द।

4. वो लोग जो रिस्क लेते हैं

बहुत लोग हैं जो जीवन-यापन के लिए और जिंदगी को बेहतर बनाने के लिए रिस्क लेते हैं। मैं ऐसे कई लोगों को जानता हूँ जो वक्त की मार से आहत नहीं हुए। बल्कि घर की दहलीज लाँघकर और कई परंपराओं को तोड़कर आज समाज में प्रतिष्ठा के साथ जी रहे हैं।

बहादुर माँ की कहानी

दिल्ली के मयूर बिहार की रूपा का पति रिक्शा चलाता था। प्रतिदिन देर रात को पी कर घर आता था। रूपा समझाती थी पर उसने कभी समझने की कोशिश ही नहीं की, कि छोटे-छोटे बच्चों पर उसके व्यवहार का गलत असर पड़ेगा। एक बार रात के दो बजे तक रूपा का पति घर नहीं आया। पति को ढूँढने रूपा बाहर जा ही रही थी कि पुलिस का कॉल आया कि रात को नशे की हालत में रोड क्रॉस करते वक्त ट्रक के नीचे आकर उसके पति की मौत हो गई है। आगे पुलिस ने अस्पताल बुलाकर उसके पति की डेड बॉडी सौंप दी। रूपा पर जैसे दु:खों का पहाड़ टूट पड़ा हो। कल से घर कैसे चलेगा? घर का किराया, बच्चों के स्कूल की फीस सब सोचकर माथा फटा जा रहा था। मन किया कि जाकर मर जाए, पर बच्चों को कौन देखता? गाँव में पहले ही खाने के लाले थे, सो वहाँ भी नहीं जा सकती थी। अंत में पति के रिक्शे को ही अपनी आजीविका का साधन बनाया। कठिन मेहनत एवं लगन से पूरा घर सँभाला। यही नहीं सुबह-सुबह कई घरों में पेपर डालने लगी। फिर जो समय बचता उसमें लोगों के कपड़े सिला करती। मेहनत रंग लाई और 18 सालों बाद 2022 के सिविल सर्विसेस एग्जाम में दोनों बेटे प्रथम प्रयास में ही भारतीय प्रशासनिक सेवा में चयनित हो गए। पति की मौत के बाद वह बिखर जाती तो पूरा परिवार बिखर जाता पर रूपा ने रिस्क लिया और जिंदगी के सामने चुनौती बनकर निखरी।

राष्ट्रकवि श्री रामधारी सिंह 'दिनकर' ने एक जगह रश्मिरथी में बड़ी ही प्रेरणादायक पंक्तियाँ लिखी हैं कि -

"सच है, विपत्ति जब आती है,
कायर को ही दहलाती है,
शूरमा नहीं विचलित होते,
क्षण एक नहीं धीरज खोते,
विघ्नों को गले लगाते हैं,
काँटों में राह बनाते हैं।"

इतिहास गवाह है कि दुनिया में जो लोग भी सफल हुए हैं, उन्होंने कभी-न-कभी रिस्क जरूर लिया है।

सफलता की छलाँग

शंकर शहर का सबसे बड़ी खिलाड़ी था। पढ़ाई में सामान्य था, पर शारीरिक मजबूती जबरदस्त थी। एक छलाँग में 15 फीट कूद जाता था। चारों तरफ उसकी लम्बी कूद के चर्चे थे। एक दिन अखबार में न्यूज आया कि बगल के शहर में एक प्रतियोगिता रखी गई है। जिसमें खिलाड़ी को 13 फीट की लम्बाई कूदनी है। इनाम में बड़ी राशि रखी गई थी। शंकर ने जब यह सुना तो खुशी से पागल हो गया, क्योंकि वह तो 15 फीट आराम से कूद सकता था, और इस प्रतियोगिता में तो केवल 13 फीट ही कूदना था। प्रतियोगिता के दिन वह आयोजन स्थल पर तड़के पहुँच गया। वहाँ जाने पर पता चला कि आयोजक एक करारनामा प्रपत्र पर हस्ताक्षर करवा रहे थे कि लम्बी कूद के दौरान कुछ हादसा हो जाए तो खिलाड़ी ही इसके लिए जिम्मेवार होगा। आखिर उसने इस रिसट्रिकशन का कारण आयोजकों से पूछा तो पता चला कि 13 फीट की कूद दो इमारतों के बीच लगानी है। इमारतों की आपस में 13 फीट की दूरी थी और दोनों इमारतें 5 मंजिलों की थीं। शंकर वापस आ गया। अगली सुबह का अखबार उसके दोस्त रवींद्र के कारनामे से भरा पड़ा था, जो लम्बी कूद में कभी भी शंकर से आगे नहीं रहा था। पर इस प्रतियोगिता का विजेता वही था। उसे शहर के मेयर ने भारी-भरकम ईनाम से नवाजा। हर जगह उसके सफलता की कहानी गूंज रही थी।

हम सब शंकर की डुप्लिकेट कॉपी हैं। हमारे अंदर भी जीतने की उम्मीद छिपी है। पर हम कम्फर्ट जोन में शांति से बैठे हैं और जो रिस्क ले रहे हैं वही आगे माउंट एवरेस्ट फतह कर रहे हैं, चाँद पर जा रहे हैं, सफलता के नये कीर्तिमान स्थापित कर रहे हैं।

5. रिस्क लेने के लिए खुद को तैयार करेंः

परीक्षा, व्यवसाय, नौकरी या जीवन का कोई भी क्षेत्र हो आपको रिस्क लेना ही पड़ता है। आज-न-कल वह घड़ी आएगी जब अवसर आपसे 'हाँ' या 'ना' पूछेगा। 'ना' में आप रुक जाएँगे तो कहानी कुछ जानी-पहचानी दिशा में जाएगी, जैसे सबकी जाती है पर अगर आप 'हाँ' कहते हैं तो रिस्क की एक खाई आएगी जिसके पार सफलता का शिखर है, जिसके ऊपर बैठकर रिस्क से डरे हुए लोगों को रेंगते हुए देखेंगे।

i. रिस्क लेने के लिए खुद को ऐसे तैयार करें:

सर्वप्रथम एक चार्ट बनाएँ जिसमें लिखें कि रिस्क क्यों न लें? दूसरी तरफ उसी डर का समाधान लिखने की कोशिश करें।

रिस्क न लेने की वजह	संभावित समाधान
1. पैसे नहीं हैं, कहाँ से इतना रकम इन्वेस्ट करें?	1. दोस्त से माँगते हैं बैंक से लोन लेते हैं।
2. डर लगता है कि कहीं असफल न हो जाएँ, पैसे डूब न जाएं।	2. दोनों के चांस 50-50 हैं। सफल हुए तो इतिहास बनेगा और नहीं हुए तो अनुभव मिलेगा। दोनों काम की चीजें हैं।
3. हार गए तो लोग क्या कहेंगे? समाज, घर वाले, रिश्तेदार सब की नजरों में गिर जाऊँगा।	3. "सबसे बड़ा रोग, क्या कहेंगे लोग।" आप दूसरों के बदले ना सोचें। आप सही दिशा में रहें बस।
4. अभी रिस्क लेने की स्थिति में नहीं हूँ, ना अनुभव है, ना उचित समय और न उचित अवसर।	4. याद रखें, अभी से बेहतर समय, अवसर और स्थिति कभी नहीं आएगी। छोटी सी जिंदगी में समय और अवसर बार-बार नहीं आते।

ii. खुद को बार-बार याद दिलाएँ -

- All is well.
- सब अच्छा होगा।
- आज का दिन शानदार है - यह (दिन-महीना-साल) जिंदगी में दोबारा कभी नहीं आएगा। उदाहरण- (02 जून 2023) पूरी जिंदगी में एक ही बार आएगा। हर दिन स्पेशल है।
- भगवान ने एक और दिन दिया है। इसे जाया नहीं करेंगे।
- मैं असीम, अनंत ब्रह्मांड की ऊर्जा का अंश हूँ। ऊर्जा कभी नष्ट नहीं होती। हम एक पतंग हैं, जीवन डोर है और इसे उड़ाने वाला हमारा अंतर्मन है। कोशिश ये हो कि पतंग के रूप में हम आकांक्षाओं के बादल को एक बार जरूर छू लें ताकि जिंदगी का मलाल मिट जाए।

प्रतिदिन 5 मिनट इन वाक्यों को जरूर दोहराएँ।

अध्याय - 14

जैसी सोच, वैसी गति

सकारात्मक सोच आपके जीवन में एक बड़ा परिवर्तन लाती है। अपनी सोच के बदौलत ही मनुष्य आज मंगल पर, चाँद पर जा पहुँचा है। कभी किसी इंसान की सोच थी कि दूर के रिश्तेदारों से बात की जाए, उन्हें देखा जाए और आज यह मुमकिन हो गया है। प्रयास करना चाहिए कि अच्छा सोच के साथ आगे बढ़े ताकि परिणाम भी वैसा ही हो। पर हम अपनी सोच का ज्यादा भाग बे-फिजूल की बातों को सोचने में लगा देते हैं।

आपकी जिंदगी, आपकी सोच का प्रतिबिंब है। आप जैसा सोचेंगे, वैसा ही आपका कार्य होगा और उसी के अनुसार कार्य का अंजाम होगा।

GIGO (गीगो): GIGO का सीधा मतलब है Garbage in – Garbage out (कूड़ा अंदर-कूड़ा बाहर) अर्थात् एक ऐसी प्रणाली अथवा ऐसा उत्पाद जो इनपुट पर निर्भर करता है। अगर आप कचरा डालेंगे तो कचरा ही बाहर निकलेगा। हमारी सोच अच्छी होगी तो हम कार्य भी अच्छा करेंगे और अंजाम भी शानदार ही होगा।

शराबी पिता की कहानी

एक शराबी के दो बच्चे थे। शराबी पिता ने दोनों बच्चों को शानदार तरीके से पढ़ाया-लिखाया। बड़ा बच्चा निहायती शरीफ, ईमानदार एवं अच्छी सूझ-बूझ वाला था और वह अपने मेहनत की बदौलत सिविल कोर्ट में जज के पद पर प्रतिष्ठित हुआ। इसके विपरीत दूसरा बच्चा बेहद बदमाश, कटु भाषी, एक नंबर का गंजेड़ी बना। वह जल्द ही शहर के नामी बदमाशों में शामिल हो गया।

एक समाजसेवी संस्था ने दोनों भाइयों पर स्टडी की। इसके लिए अलग-अलग कमरों में उनसे पूछताछ की गई। पहले भाई से, जो सिविल कोर्ट में जज था, उससे पूछा गया कि आपके पिता बड़े शराबी थे, पीकर कई बार आपकी माँ को पीटते थे, मोहल्ले वालों को भद्दी गालियाँ दिया करते थे। ये बातें आपको कैसी लगती थी? बड़े लड़के ने कहा कि इन बातों को मैं याद भी नहीं करना चाहता, ये एक दुःखद स्वप्न की तरह है, जिसे मैं भूल जाना चाहता हूँ। घर की परिस्थिति ने मुझे प्रेरित किया कि जिंदगी में वैसा काम नहीं करूँगा, जैसा मेरे पिता घर में करते हैं। बस मैंने कमल बनना स्वीकार कर लिया, जो कीचड़ में होकर भी, उससे काफी ऊपर होता है।

इसी सवाल पर छोटे गंजेड़ी भाई ने कुछ इस तरह जवाब दिया कि मैं क्या करता? घर की परिस्थितियाँ, माहौल, पिता का व्यवहार सब ने मिलकर मुझे ऐसा बना दिया। घर में कुछ अच्छा था नहीं सीखने को तो मैं क्या करता?

वास्तव में दोनों की परिस्थितियाँ बिल्कुल समान थीं, पर एक निखर गया और दूसरा बिखर गया। दुनिया एक बड़ा स्टोर रूम है जिससे आप सोच के रूप में इनपुट लेते हैं और मस्तिष्क उसी इनपुट पर परिणामस्वरूप फाइनल रिजल्ट देता है। जैसी सोच होगी, वैसी गति होगी।

1. **जिंदगी सोच से संचालित होती है:** उर्दू का एक बड़ा मशहूर शेर है कि,

"अमल से जिंदगी बनती है - जन्नत भी, जहन्नुम भी।"

सकारात्मक सोच आपके जीवन में एक बड़ा परिवर्तन लाती है। अपनी सोच के बदौलत ही मनुष्य आज मंगल पर, चाँद पर जा पहुँचा है। कभी किसी इंसान की सोच थी कि दूर के रिश्तेदारों से बात की जाए, उन्हें देखा जाए और आज यह मुमकिन हो गया है। प्रयास करना चाहिए कि अच्छा सोच के साथ आगे बढ़े ताकि परिणाम भी वैसा ही हो। पर हम अपनी सोच का ज्यादा भाग बे-फिजूल की बातों को सोचने में लगा देते हैं।

मुझे एक कहानी याद आती है जो हमारे जीवन का सार है,

जब यमराज ने जिंदगी बदलने के लिए 5 मिनट दिए।

एक बार यमराज प्राण हरने के उद्देश्य से किसी नेक इंसान के घर पर जा पहुँचे। अब यमराज काफी थक गए थे। इतनी दूर से आते-आते, गरमी भी बहुत ज्यादा थी, सो मन व्याकुल था। दरवाजे पर घंटी बजाई तो वह इंसान प्रसन्न मन से किसी अतिथि को देखकर तुरंत सम्मान के साथ अंदर ले गया। खूब आव-भगत की। यमराज प्रसन्न हो गए और बोले कि मैं यमराज हूँ और तुम्हारे प्राण हरने आया हूँ। यह सुनकर वह इंसान घबरा गया एवं जिंदगी की भीख माँगने लगा। तब प्रसन्न मन से यमराज बोले कि घबराओ नहीं। यह लो मेरी कलम और जीवन ग्रंथ।

अपने बारे में जो भी लिखना है इस किताब के उस पन्ने में लिख लो, जहाँ तुम्हारी तकदीर लिखी गई है। वह इंसान अति प्रसन्न हो गया एवं फटाफट किताब के पन्ने पलटने लगा। तभी यमराज बोले कि केवल 5 मिनट हैं, अपनी तकदीर लिखने के लिए, तुम्हारे पास। उसने जैसे ही पहला पन्ना पलटा तो देखा कि यह तो उनके बगल के पड़ोसी की तकदीर का पन्ना था, जिस पर लिखा था कि उनका लड़का बड़ा होकर जज बनेगा और शहर के मेयर की बेटी से शादी करेगा। यह पढ़कर वह परेशान हो गया एवं तुरंत उस पन्ने में लिखने लगा कि पड़ोसी की तरक्की रुक जाए एवं वह मुसीबतों में घिरा रहे। खैर, दूसरा पन्ना पलटा तो सामने वाले मल्होत्रा अंकल का ज़िक्र था कि उन्हें तीन करोड़ की लॉटरी लगेगी। उसने फौरन लिख दिया कि वह कंगाल हो जाए, इस पागल का कोई भी कार्य सफल ना हो। तीसरा पन्ना पलटा तो देखा कि उस पन्ने पर उसके बॉस के प्रमोशन का ज़िक्र था। वह गुस्से में चिल्लाने लगा कि उसका बॉस पागल है, सनकी है। सदा दूसरे को परेशान करने में लगा रहता है। उसका तो कभी प्रमोशन होना ही नहीं चाहिए। उसने ऐसा ही लिख दिया। चौथा पन्ना पलटा तो खुशी से झूम उठा। यह उसी की तकदीर का पन्ना था। उसने अपने बारे में जैसे ही लिखना शुरू किया, यमराज ने कलम छीन ली। बोले कि आपने अपना 5 मिनट खर्च कर दिया है। यह सुनकर वह पागलों की भाँति रोने, चीखने, चिल्लाने लगा, पर सब व्यर्थ।

वास्तव में हम सब उसी इंसान की तरह हैं। हमारे पास भी तकदीर बदलने की कलम है, पर उस कलम से हम आस-पास, पड़ोसी, बॉस और सरकार की कहानी लिखते रहते हैं और सारा समय गँवा देते हैं। हम अपने बारे में कम और फिजूल की बातें, जिससे हमारा कोई मतलब नहीं, वो ज्यादा सोचते हैं।

2. **सोच को नियंत्रित एवं सकारात्मक रखें**: घोड़े की पीठ पर बैठा व्यक्ति ही घोड़े को अपने नियंत्रण में रखकर, सही दिशा में अग्रसर रहकर मंजिल को पा सकता है।

सोच को नियंत्रित एवं सकारात्मक रखने के तरीके:

1. धार्मिक एवं नैतिक आचरण अपनाए।
2. क्रोध की स्थिति में संयम रखें।
3. नकारात्मक विचार आए तो मन ही मन कोई अच्छी सी मनपसंद कविता का पाठ करें।
4. जल्दी में कोई निर्णय न लें।
5. खुद से और दूसरों से प्यार करें।
6. दूसरे के विचारों का सम्मान करें।

7. खुद की तुलना किसी से न करें।

8. बदलाव को आदर दें।

9. विचारों में लचीलापन लाएँ।

10. जिंदगी को देखने का नज़रिया बदलें।

11. आप वही करें जो दूसरों से उम्मीद करते हैं।

3. **सोच की गूंज:** कई बार आप बोलते नहीं हैं पर आपकी सोच, आपके अंगों का बर्ताव बदल देती है और आपकी आँखें, चेहरा, आपके हाव-भाव सामने वाला पढ़ लेता है। सुख की अनुभूति वाली सोच चेहरे पर चमक ले आती है। गम की बातें जब दिमाग तक पहुँचती हैं तो दिल की सोच आँखों में आँसू ला देते हैं। आपको जब सर्वाधिक प्रसन्नता होती है तो यह सोच आपके अंगों में नृत्य का भाव ला देती है। अगर आपके कुछ अच्छा सोचने से आपकी इम्यूनिटी बढ़ती है, आपका तन-मन खिल उठता है तो आप अच्छा क्यों नहीं सोचते? आपका पूरा जीवन ही आपके द्वारा जन्म दिए गए सोच की गूंज है।

सोच का चमत्कार

शेर का एक छोटा सा बच्चा सुअरों के झुंड का हिस्सा बन गया। वह ज्यों-ज्यों बड़ा हो रहा था, त्यों-त्यों सुअरों सी हरकतें करता रहता। सुअरों के बच्चों संग खेलता, उनके साथ ही घूमता रहता। कुछ समय बाद वह एक विशाल शेर का रूप ले लेता है। गर्मियों के मौसम में सारे सूअर नाले में लोट रहे थे। उन्हीं के बीच वह शेर भी बैठा था। तभी दूर जंगल से एक शेर के दहाड़ने की आवाज आई। नाले में बैठा शेर यह आवाज सुनकर सोच में पड़ गया। उसे लगा कि वह भी ऐसा कर सकता है, फिर क्या था वह पूरे जोर से, अपनी अंदरूनी ताकत के साथ गरजा तो पूरा जंगल उसकी इस दहाड़ से थर्रा गया। उसके साथ बैठे सारे सुअर भाग खड़े हुए। यह है - सोच की ताकत। यह आपको भीड़ से अलग पहचान देती है। यह आपको सबसे अलग मुकाम पर ला खड़ा करती है।

4. **सोच की ऊर्जा से स्वयं को भर लें:** आप प्रतिदिन सुबह उठकर इन बातों को आजमाएँ। फिर देखें जीवन के प्रति आपका नजरिया बदल जाएगा और आप अनंत ऊर्जा के स्वामी हो जाएँगे। इन्हें सुबह उठकर दर्पण के सामने खुद को देखकर दोहराएँ कि :-

1. मैं अपने भाग्य का निर्माता खुद हूँ।

2. मैं जाग गया हूँ, मुझे कुछ कर दिखाना है।

3. दुनिया में मैं अपने तरह का इकलौता इंसान हूँ।

4. भले ही लोगों के पास दो हाथ, दो पैर, दो आँख, दो कान, एक नाक है पर मेरे जैसा तो बस मैं हूँ।

5. खुद की पीठ थप-थपाएँ और बोलें कि भाई! तू Great है।

6. अंत में खुद से कहें - जा मेरे शेर, आज तेरी बारी है।

5. सोच का जादुई प्रभाव: आप जैसी सोच रखेंगे वैसा ही कार्य पद्धति अपनाएँगे। परिणाम भी वैसा ही मिलेगा। अल्बर्ट आइंस्टीन ने अपनी सोच की क्षमता से कई आविष्कार ऐसे किए जिसका कार्य सिद्धांत अच्छे-से-अच्छे वैज्ञानिकों की समझ से परे थे। थामस अल्वा एडीसन ने पूरी जिंदगी एक से बढ़कर एक आविष्कार किए। बिजली का बल्ब सदी की एक महान क्रांतिकारी खोज थी। बल्ब बनाने में उनकी कई कोशिशों के नाकाम होने पर एक पत्रकार ने एडीसन से पूछा कि, "हजार असफलता के बाद एक सफलता मिली है। इस पर आप क्या कहना चाहेंगे?" एडीसन ने कहा कि, "मैं हजार बार फेल नहीं हुआ। बल्कि सफलतापूर्वक एक हजार तरीके खोज निकाले जो सही कार्य नहीं करते।"

माँ की सोच ने सदी का महान् वैज्ञानिक पैदा किया

थामस अल्वा एडीसन सदी के महान् वैज्ञानिक थे पर उनका बचपन बड़ा संघर्ष में गुजरा। जब छोटे थे तो स्कूल के टीचर ने एक नोट दिया और कहा कि अपनी माँ को दे देना। नोट पढ़कर उनकी माँ रोने लगी। एडीसन ने इसकी वजह पूछी तो माँ बोली ये खुशी के आँसू हैं। इस नोट में लिखा है कि, "आपका बच्चा महान् सोच वाला बुद्धिमान बच्चा है और हमारा स्कूल काफी निचले स्तर का है। शिक्षक भी उतने काबिल नहीं है। इसे आप स्वयं घर पर रखकर पढ़ाएँ।" यह सुनकर एडीसन बहुत खुश हुए एवं घर पर ही पढ़ने लगे। माँ विशेष ध्यान देने लगी। वर्षों बाद जब एडीसन महान् वैज्ञानिक बन गए और उनकी माँ भी गुजर गई। तभी एक दिन घर की सफाई में अलमारी में दबा हुआ वर्षों पुराना वो नोट निकल आया, जो एडीसन की टीचर ने माँ को देने के लिए कहा था। एडीसन वो नोट पढ़कर फूट-फूटकर रोने लगे। जानते हैं उस नोट में क्या लिखा था? स्कूल के प्रबंधक ने लिखा था कि, "आपका बच्चा बहुत मंदबुद्धि है इसलिए हम इसे नहीं पढ़ा सकते, इसे स्कूल न भेजें।"

एक सकारात्मक सोच ने एक बच्चे की जिंदगी में जादुई बदलाव ला दिया था। सोच के दूरगामी प्रभाव निम्नलिखित हैं-

1. आपकी जिंदगी में बदलाव आना शुरू हो जाता है।

2. आप सकारात्मक सोच से ऊर्जावान हो जाते हैं।

3. उपलब्धियाँ बढ़ने लगती हैं।
4. आप लोगों के लिए प्रेरणा बन जाते हैं।
5. राष्ट्र, समाज एवं परिवार के लिए आप स्वयं अनमोल संपत्ति बन जाते हैं।
6. आत्मविश्वास बढ़ता है और जिंदगी में खुशहाली शुरू हो जाती है।
7. आपका पूरा व्यक्तित्व राष्ट्र की धरोहर हो जाता है।

अध्याय - 15

जीवन की चुनौतियाँ

थामस अल्वा एडीसन को स्कूल से मंदबुद्धि बालक कहकर निकाल दिया गया था और एडीसन की माँ ने उसे एक चुनौती के रूप में स्वीकार किया। खुद ही शिक्षक की भूमिका में आ गई और इतिहास गवाह है कि एडीसन उस सदी के महान् वैज्ञानिक बनकर उभरे। उनके आविष्कार 'बल्ब' ने दुनिया से अंधकार को ही मिटा दिया। इसलिए जब चुनौतियाँ आएं तो संयम से काम लें, घबराएँ बिल्कुल नहीं। विश्वास रखें कि यह आप कर सकते हैं।

मनुष्य का जीवन चुनौतियों से भरा हुआ है, उसके पैदा होते ही उसका संघर्ष भी पैदा हो जाता है। जब हम जन्म लेते हैं तो माँ के उदर का त्याग करते हैं और अब तक जो बच्चा पूरी तरह से माँ पर आश्रित था, चाहे पोषण हो, ऑक्सीजन हो या जीवन से संबंधित हर एक वस्तु हो, सब माँ के शरीर से प्राप्त कर रहा था। अब अचानक से विपरीत परिस्थितियों में घिर जाता है। अब अगर उसे जिंदा रहना है तो ऑक्सीजन चाहिए। उसके लिए उस बच्चे के श्वसन तंत्र को काम करना होगा, आँख, नाक, कान, जीभ, पाचन तंत्र सब एकाएक अपने अस्तित्व के लिए सक्रिय हो जाते हैं। अर्थात् जन्म के साथ ही चुनौतियों का सामना करना पड़ता है।

चूजे की कहानी

एक बड़े से पीपल के पेड़ पर बाज का घोंसला था। बाज ने अंडे दिए और समय पर उससे चूजा निकल आया। धीरे-धीरे चूजा बड़ा होने लगा। माँ प्रतिदिन भोजन लाकर दे देती और वह आराम से खाकर घोंसले में पड़ा रहता। अब चूजा बड़ा हो गया था और उसके पंख भी निकल आए थे। बाज ने चूजे से कहा कि अब अपने पंखों को खोलो और आसमान की ऊँचाइयों को मापने की कोशिश करो। पर बच्चा आसमान की तरफ देखता और अपनी आँखें मूंद (बंद) लेता

कि माँ मैं गिर जाऊँगा, अभी पंख तैयार नहीं हैं। एक दिन माँ ने एक योजना बनाई और उसके तहत बच्चे को घोंसले से जोर का धक्का दिया। बच्चा इतनी ऊँचाई से गिरने लगा। ज्यों-ज्यों जमीन के करीब आता, त्यों-त्यों मौत उसके करीब आ रही थी। तभी बच्चे ने पंखों को पूरे जोर की ताकत से हिलाया। परिणामस्वरूप वह ऊपर आने लगा और उड़कर घोंसले में आकर बैठ गया और माँ से खुशी भरे लफ्ज़ में बोला, "माँ, मैं उड़ सकता हूँ।"

हम सभी के साथ भी ऐसा ही है। अपने कंफर्ट जोन में बैठे रहते हैं। हमें अपनी ताकत का एहसास ही नहीं होता, पर जब विपरीत परिस्थितियाँ आती हैं तो हम डटकर उन चुनौतियों का मुकाबला करते हैं और हमें उसी दिन अपनी क्षमता का एहसास होता है।

1. जीवन की चुनौतियाँ क्या हो सकती हैं?

आपके जीवन का संघर्ष और चुनौतियाँ एक-दूसरे से भिन्न होती हैं। हर व्यक्ति प्रतिदिन कुछ-न-कुछ नए प्रयोग करता है, नई चुनौतियों का सामना करता है, उससे सीखता है और जीवन ऐसे ही चलता रहता है। आपके जीवन की चुनौतियाँ कुछ इस प्रकार की हो सकती हैं :-

1. व्यवसाय/बिजनेस से संबंधित
2. नौकरी से संबंधित
3. विकास एवं प्रगति से संबंधित
4. शिक्षा से संबंधित/कैरियर से संबंधित
5. स्वास्थ्य से संबंधित

2. चुनौतियाँ क्यों जरूरी हैं?

एक बार मिशेल ओबामा ने कहा था कि, "आपको अपनी चुनौतियों को कभी भी नुकसान के रूप में नहीं देखना चाहिए। इसके बजाए, आपके लिए यह समझना महत्त्वपूर्ण है कि विपरीत परिस्थितियों का सामना करने और उस पर काबू पाने का आपका अनुभव वास्तव में आपके लिए सबसे बड़े फायदों में से एक है।"

गरिमा सोनी ने कहा कि, "कठिन समय तुम्हें तोड़ने नहीं बल्कि तैयार करने आता है।"

घने जंगल में एक बड़े पेड़ के पास आँधी-तूफान, बारिश जैसी अनेक चुनौतियाँ आती हैं। पर यह उस वृक्ष को तोड़कर गिराने नहीं आती हैं। तैयार करने आती हैं कि अभी इससे भी बड़े बवंडर, तूफान, बारिश आने वाले हैं। फलस्वरूप वह वृक्ष अपनी जड़ों को और गहरी करने लग जाता है और मजबूती के साथ हर चुनौतियों के लिए तैयार हो जाता

है। जीवन में चुनौतियाँ चाहे कैरियर की हों, बिजनेस की हों या बीमारी से जूझने की हों, वो हमें व्यक्तिगत सुधार की सीख देती हैं। ताकि हम भविष्य में किसी समस्या का बेहतर मुकाबला कर सकें।

सच कहा जाए तो चुनौतियाँ एक अवसर हैं जो आपको भविष्य के लिए बेहतर योद्धा बनाती हैं। यह इसलिए भी जरूरी है कि -

1. आपका बेहतर व्यक्तिगत विकास हो।
2. आपकी कार्यक्षमता बढ़े।
3. भविष्य के लिए बेहतर योद्धा बन सकें।
4. गलतियों को सुधार सकें एवं प्रबल पक्ष से अवगत हो सकें।
5. समाज के लिए उपयोगी बन सकें।

3. चुनौतियों का सामना कैसे करें?

आपने सुना होगा कि किसी व्यक्ति को अपमानित किया गया कि तुम भारतीय प्रशासनिक सेवा (I.A.S.) में कभी चयनित नहीं हो सकते। सामने वाले ने यह चुनौती स्वीकार कर ली और उसने वह कर दिखाया जो लोग सोच भी नहीं सकते थे।

आपको भारतीय इतिहास की वह कहानी भी मालूम होगी कि, चाणक्य को ब्राह्मणों के एक भोज में उसके काले होने पर नंद वंश के राजा 'घनानंद' ने अपमानित किया था। फिर चाणक्य ने अपनी शिखा को बाँधते हुए नंद वंश का अन्त करने की शपथ ली थी और चंद्रगुप्त मौर्य के साथ मिलकर नंद वंश का अन्त कर दिया।

थामस अल्वा एडीसन को स्कूल से मंदबुद्धि बालक कहकर निकाल दिया गया था और एडीसन की माँ ने उसे एक चुनौती के रूप में स्वीकार किया। खुद ही शिक्षक की भूमिका में आ गई और इतिहास गवाह है कि एडीसन उस सदी के महान् वैज्ञानिक बनकर उभरे। उनके आविष्कार 'बल्ब' ने दुनिया से अंधकार को ही मिटा दिया। इसलिए जब चुनौतियाँ आएं तो संयम से काम लें, घबराएँ बिल्कुल नहीं। विश्वास रखें कि यह आप कर सकते हैं। ऐसे समय आप इन बातों पर विशेष ध्यान दें -

1. संयम एवं शांति से चुनौतियों पर विचार करें।
2. एक ठोस रणनीति बनाएँ।
3. इसे आपदा में अवसर समझें।

4. जीत पक्की समझकर, विश्वास से आगे बढ़ें।

5. कार्य योजना की सफलता तक रुकें नहीं।

6. महान् एवं सफल लोगों के संघर्ष को याद करें।

7. बीच-बीच में अपनी रणनीति की समीक्षा करते रहें।

याद रखें कि रात कितनी भी काली, घनी, भयावह हो सूर्य की पहली किरण ही उसे भेद देती है और सूर्य का आसमान में एकछत्र राज हो जाता है।

पैट रिले ने कहा था कि, "यदि आपका दृष्टिकोण सकारात्मक है और लगातार अपना सर्वश्रेष्ठ प्रयास कर रहे हैं, तो अंतत: आप अपनी तात्कालिक समस्याओं पर काबू पा लेंगे और पाएँगे कि आप बड़ी चुनौतियों के लिए तैयार हैं।"

इतिहास से प्रेरणा लें:

मेरी ज़िन्दगी में इतनी चुनौतियाँ क्यों?

वह दृश्य याद करें, महाभारत का युद्ध चल रहा था। श्री कृष्ण, कर्ण के सामने कौरवों के खेमे से पांडवों की सेना में सम्मिलित होने का प्रस्ताव रखते हैं, तो कर्ण साफ मना कर देता है। बातों-ही-बातों में वो कहता है कि, "हे माधव! मेरे जन्म के साथ ही माता ने त्याग दिया। गुरु द्रोण ने शिक्षा देने से मना कर दिया, क्योंकि मैं क्षत्रिय नहीं था। परशुराम ने उपयुक्त समय पर सिखाई विद्या का ज्ञान छीन लिया। द्रौपदी के स्वयंवर में अपमानित किया गया। मेरा कसूर क्या था? माधव...! मेरी जिंदगी में इतनी चुनौतियाँ क्यों?"

श्री कृष्ण कहते हैं, "हे कर्ण! मैं कारागार में पैदा हुआ, मेरे जन्म से पहले मुझे मारने के इंतजाम किए जा चुके थे। इसलिए जन्म के साथ ही मुझे माता-पिता से अलग कर दिया गया। जहाँ पहुँचा वहाँ गाय चराने से गोबर उठाने तक का सारा कार्य ही मुझे करना पड़ा। तीन महीने के अंदर पूतना राक्षसी, बकासुर राक्षस मारने आ धमके, बड़े में कालिया नाग डसने आ गया। ये भी तो देखो कि मेरा सगा मामा मेरा खून का प्यासा बना बैठा था। मेरी जिंदगी तो चुनौतियों की भीड़ थी कर्ण! इसका मतलब ये नहीं कि हम मन में जहर घोल लें कि ये मेरे साथ ही क्यों हुआ? बल्कि चुनौतियों का सामना करना सीखो और हर बार पहले से ज्यादा मजबूत बनकर खड़े हो जाओ।"

वास्तव में श्री कृष्ण की ये सीख बड़ी प्रेरणादायक है। साधारण लोग चुनौतियों को आपदा समझ लेते हैं और बड़े लोग इसे अवसर के रूप में देखते हैं।

4. चुनौतियों के संभावित परिणाम -

एक बार वेड गुडॉल ने कहा था कि, "जीवन में चुनौतियाँ हमेशा नेताओं की तलाश में रहती हैं और नेता चुनौतियों की तलाश में रहते हैं।" तात्पर्य यह है कि आप जितने भी बड़े, प्रेरणादायी एवं महान् लोगों से मिलते हैं सभी ने अपने रास्ते में चुनौतियों के सामने विजय हासिल किया है। तभी वो आज इस मुकाम पर पहुँचे हैं।

चुनौतियों का सामना करते हुए हम एक बेहतर इंसान बन जाते है। ऐसे लोग समाज के लिए प्रेरणादायी एवं अनुकरणीय होते हैं। महात्मा गाँधी, नेल्सन मंडेला, अब्राहम लिंकन ये सब इसी श्रेणी में आते हैं।

हमारे समाज के धरोहर डॉक्टर, इंजीनियर एवं वकील ये सब कई कठिन दौर से गुजरते हुए एवं चुनौतियों का सामने करते हुए ही एक सफल एवं मंझे हुए रत्न बनकर उभरते हैं। दूर-दूर तक उनकी ख्याति एवं प्रसिद्धि उन्हें यूँ ही नहीं नसीब होती है। इन सब के पीछे उनका कठिन संघर्ष एवं जीवन की चुनौतियों पर जीत छिपी होती है।

डेविड तियान ने कहा कि, "यदि आपके जीवन में चुनौती नहीं है, तो आपके जीवन में कोई आनंद नहीं है।"

अगर गौर से सोचें तो चुनौतियों के परिणाम इस प्रकार के हो सकते हैं :-

1. नेतृत्व क्षमता का विकास।
2. बढ़ा हुआ आत्मविश्वास।
3. व्यक्तिगत विकास एवं संतोष की प्राप्ति।
4. समाज के लिए हितकारी एवं प्रेरणादायी।
5. सुखद अनुभूति।
6. अनुभवी एवं बेहतर इंसान।

अध्याय - 16

सीखने का सफर जारी रखें

आपको याद होगा पहले पिक्चर ट्यूब वाली टी.वी. आई, वी.सी.आर., वी.सी. डी., एल.सी.डी. टीवी, एल.ई.डी टीवी, एच.डी. टीवी। सब परिवर्तन की आँधी में बहते चले गए। फ्लॉपी की जगह सीडी ने ली, फिर पेन ड्राइव और अब तो छोटी सी चिप में सोच से भी बड़ी मेमोरी स्टोरेज क्षमता होती है। तात्पर्य यह है कि सीखना समय की माँग है। अगर आप नहीं सीखते तो लुप्त हो जाएँगे।

वुडवर्थ ने कहा कि, "सीखना, विकास की प्रक्रिया है।" (Learning is a process of development)

मानव जन्म से लेकर मरण तक कुछ-ना-कुछ सीखता रहता है। सीखने की प्रक्रिया में विराम कभी नहीं आता, हाँ गति मंद या तीव्र हो सकती है। हमारे सीखने का समय एवं स्थान नहीं होता।

1. **हमारे सीखने का स्रोत**: हम केवल गुरु या शिक्षण संस्थान से ही नहीं सीखते अपितु अनपढ़, अज्ञानी, बालक भी हमें कुछ-न-कुछ सीख देते रहते हैं। मुख्य स्रोतों में परिवार, समाज, महान व्यक्ति, नेता, अभिनेता, सगे-संबंधी एवं अनजान, अपरिचित व्यक्ति, वस्तु, स्थान हैं, जिनसे हमें निरंतर सीख मिलती रहती है।

छोटा बच्चा पहली बार जब लाल कोयले को उत्सुकता से देखता है तो उसे हाथ में लेने की सोचता है पर उसका हाथ जल जाता है। आगे से उसके व्यवहार में परिवर्तन आ जाता है। वह अब लाल वस्तु को छूना बंद कर देता है। अर्थात् अनुभव से सीखता है, फिर अपने व्यवहार में परिवर्तन लाता है।

2. सीखना क्यों जरूरी है?

आधुनिकीकरण का युग है। औद्योगिक क्रांति ने दुनिया की दशा बदल दी। डिग्री लेने से बात नहीं बन सकती। सीखना सदैव जारी रखना पड़ेगा। दिन-प्रतिदिन मेडिकल साइंस में इतनी प्रगति हो रही है, आज नए-नए उपकरणों की बदौलत ऑपरेशन की प्रक्रिया आसान हो गई है। लेजर टेक्नोलॉजी ने ऑपरेशन को सरल, सुगम एवं दर्द रहित बना दिया है। आज के डॉक्टर पहले जैसे औजारों का प्रयोग नहीं करते। इसी तरह मानव ने सीखने की चाह से ही मंगल पर, चाँद पर और अब सूरज पर भी शोध की प्रक्रिया जारी की है। भविष्य में मानव चाँद पर बसने का ख्वाब देख रहा है। इंजीनियरिंग का क्षेत्र अद्भुत तरक्की की तरफ है।

आज हजारों कंपनियों का उदाहरण पड़ा है जिन्होंने जमाने की माँग के अनुसार अपनी कार्य प्रणाली में बदलाव नहीं किया और वो आज मार्केट से गायब हो गईं।

आपको याद होगा पहले पिक्चर ट्यूब वाली टी.वी. आई, वी.सी.आर., वी.सी.डी., एल.सी.डी. टीवी, एल.ई.डी टीवी, एच.डी. टीवी। सब परिवर्तन की आँधी में बहते चले गए। फ्लॉपी की जगह सीडी ने ली, फिर पेन ड्राइव और अब तो छोटी सी चिप में सोच से भी बड़ी मेमोरी स्टोरेज क्षमता होती है।

तात्पर्य यह है कि सीखना समय की माँग है। अगर आप नहीं सीखते तो लुप्त हो जाएँगे।

स्किनर ने कहा कि, "सीखना, व्यवहार में उत्तरोत्तर सामंजस्य की प्रक्रिया है।"

3. सीखने के रास्तों की बाधाएँ: ऐसे अनेक कारक या स्थितियाँ हैं जो सीखने के रास्ते में सहायक या बाधक बनकर सामने आती हैं। इसके बारे में सिम्पसन ने लिखा है कि, "अन्य दशाओं के साथ-साथ सीखने की कुछ दशाएं उत्तम स्वास्थ्य रहने की अच्छी आदतें, शारीरिक दोषों से मुक्ति, अध्ययन की अच्छी आदतें, संवेगात्मक संतुलन, मानसिक योग्यता, कार्य संबंधी परिपक्वता, वांछनीय दृष्टिकोण और रुचियाँ, उत्तम सामाजिक अनुकूलन, रूढिबद्धता और अंधविश्वास से मुक्ति।"

अर्थात् सीखने के रास्ते की बाधाएँ मुख्य रूप से ये हैं:

1. पत्थर की लकीर बने रहना।
2. हठवादिता एवं रूढ़िवादी विचारधारा।
3. अहं की भावना।
4. अपरिपक्व व्यवहार।
5. अंधविश्वास की पट्टी।

उपर्युक्त में एक भी बात किसी में है तो यह उसके व्यक्तिगत विचारों के कारण है। समय रहते जाग जाना ही इसका सर्वश्रेष्ठ उपाय है। घर की खिड़कियाँ और दरवाजे बंद करने की बजाए उसे खोलना सीखें ताकि जमाने की आवाजें आप को मिल सकें और आप निरंतर संपर्क में रह सकें। घुलना-मिलना, वार्तालाप, सामाजिक पर्व एवं त्योहार सब सीखने की पाठशालाएँ हैं।

ज्ञानी बंदर की कहानी

एक बार शहर के चिड़ियाघर में एक बंदर आया। जो भी घूमने जाता एक खबर जरूर लाता कि एक बड़ा ज्ञानी बंदर आया है। एक शरारती बच्चे ने उसे खेल-खेल में जलता सिगरेट दे दिया। बंदर ने खाने की वस्तु समझकर मुँह में लिया तो मुँह जल गया। कुछ दिन तक उसने कुछ नहीं खाया। फिर जो भी उसे कुछ खाने को देता, वह उसे लेकर पानी की बाल्टी में, जो उसके पानी पीने के लिए पिंजरे में रखी गई थी, उसमें डूबो कर खाता। क्योंकि पिछले अनुभव से उसे सीख मिली थी कि अगर गर्म वस्तु होगी तो जल में डुबा लो, नहीं तो मुँह जल जाएगा। फिर किसी दिन एक स्कूली छात्र ने लड्डू के बीच एक छोटा पत्थर रखकर बंदर को खाने के लिए दिया। बंदर ने पानी में डुबाया और लड्डू मुँह में लिया तो उसे दाँतों के बीच कठोरता का आभास हुआ। उसने लड्डू फेंक दिया, पर आगे से वह कोई भी वस्तु लेता तो पानी में डुबाता, फिर पत्थर पर पटक कर उसकी कोमलता जाँचता और तभी उसको खाने के योग्य समझता।

गेट्स ने कहा कि, "सीखना, अनुभव और प्रशिक्षण द्वारा व्यवहार में परिवर्तन है।"

याद रखें:

1. न सीखने वाला व्यवहार आपकी नकारात्मक छवि बनाता है।
2. जिज्ञासु के लिए तरक्की के रास्ते खुले रहते हैं।
3. जिस समय आप सीखना बंद कर देते हैं, उसी समय आप मृत हो जाते हैं।
4. वर्षो का अनुभव एवं सर्वोच्च डिग्री भी आपको अनपढ़ बालक से सीखने से नहीं रोक सकती।

4. सीखने की प्रभावशाली विधियाँ:

आपके हाथ में एक खाने की वस्तु हो तो एक बंदर आपसे छीन लेता है। ऐसा उसने भूख के कारण किया है और यह स्वाभाविक क्रिया है, उसे किसी ने सिखाया नहीं है।

अब एक बच्चे को आपके हाथ में खाने की वस्तु दिख जाए तो वह उसे छीनता नहीं है बल्कि उसे माँगने लगता है। खाने की वस्तु के पीछे उसकी यह क्रिया स्वाभाविक नहीं है, बल्कि सीखी

हुई है। जन्म के समय से ही बच्चा वातावरण में हर छोटी-छोटी घटनाओं को बड़े ध्यान से देखता है और उसे देखकर सीखता है।

सीखने की प्रभावशाली विधियाँ कुछ इस तरह से है -

(i) करके सीखना (Learning by doing): आप जब छोटे होते हैं तो मेहमानों के लिए कप में रखी गर्म चाय में उँगली डाल देते हैं। आपका हाथ जलता है और इस अनुभव से आप सीख लेते हैं कि कप में रखी चाय को फूँक-फूँककर पिया जाता है। यह सीखने की सर्वश्रेष्ठ विधि है। आदमी को खुद से कर के सीखना सबसे ज्यादा प्रभावशाली तरीकों में से एक है।

डॉ. मेस कहते हैं कि, "स्मृति का स्थान मस्तिष्क में नहीं वरन् शरीर के अवयवों में है। इसलिए हम करके सीखते हैं।"

(ii) देखकर सीखना (Learning by observation): आपको सुनी-सुनाई बातें याद नहीं रहती पर जो आप देखते हैं, वो हमेशा के लिए छप जाती हैं। किसी के द्वारा सुनाई गई कहानी या क्लास में शिक्षक द्वारा पढ़ाया गया पाठ आप भूल जाते हैं पर सिनेमा देखकर वर्षो बाद भी वही कहानी आप पूर्ण रूप से सुना सकते हैं।

यह इतनी प्रभावशाली विधि है कि सर्कस का बंदर, शेर, भालू, कुत्ता सब अपने प्रशिक्षक को देखकर मुश्किल से मुश्किल हरकतों को सीख लेते हैं।

(iii) परीक्षण करके सीखना (Learning by experimenting): यह नई बातें, जो आपने सीखी नहीं, या सिखाई नहीं गई हैं उसे उपकरणों द्वारा या खोज विधि से जानने की प्रक्रिया है। चाँद या मंगल पर खोजी अभियान करके हम वहाँ की जलवायु पर अध्ययन करते और सीखते हैं।

(iv) अन्य विधियाँ: आप वातावरण, लोग, एवं सामने के वस्तु से भी सीखते हैं। इतिहास ऐसे उदाहरणों से भरा पड़ा है जो कभी स्कूल तो नहीं गए, पर ज्ञान अर्जन कर महान् लोगों की श्रेणी में सम्मिलित हो गए। सीखने की अन्य विधियाँ इस प्रकार हैं:

(क) सामूहिक वाद-विवाद द्वारा (Group Discussion)

(ख) वर्कशॉप, संगोष्ठि द्वारा

(ग) सम्मेलन द्वारा (Conference and Seminar)

आज के दौर में ये विधियाँ बड़ी कारगर एवं प्रभावशाली हैं। हर विश्वविद्यालय, कॉलेज, कंपनियाँ एवं बड़े-से-बड़ा संस्थान भी वर्कशॉप, संगोष्ठि एवं सम्मेलनों का आयोजन करता है और छात्रों एवं शिक्षकों का, कार्यरत मैन पावर को दुनिया में हो रहे बदलावों से परिचित कराता है।

5. सीखी बातों को याद रखने की विधि: कई बातें आप ऐसी सीखते हैं जिससे बार-बार या एक निश्चित समय अंतराल पर जरूरत पड़ती है। लिहाजा ऑफिस की मीटिंग में क्या कहा गया? किन बातों पर चर्चा हुई? किसने क्या कहा? हो सकता है इस तरह की मीटिंग का भविष्य में ज़िक्र हो - कि कब हुआ था? क्या फैसला लिया गया था? अगर आप प्रबंधन को इसकी जाँनकारी देते हैं तो आपकी एक वैल्यू बनती है।

सीखी बातों को याद रखने की विधि:

1. एक डायरी रखें। उसमें संबंधित तारीख वाले पेज में समय लिखकर मीटिंग का संक्षिप्त विवरण लिखें (Minutes of meeting).
2. बताने वाले से विषय से संबंध में ढेर सारे सवाल पूछ लें, यह सीखने की बड़ी प्रभावशाली विधि है।
3. जो भी पढ़ें या सुनें उसे दोबारा शिक्षक की भाँति किसी दोस्त को या शुभचिंतक को सुना दें। कोई ना मिले तो आईने के सामने बोल दें। यह सदा-सदा के लिए मस्तिष्क में जगह बना लेता है।
4. पढ़ी गई, लिखी गई या सुनी गई बातों का एक नोट बनाते रहें ताकि समय पर पुनरावृत्ति हो सके एवं यादें ताजा की जा सकें।

6. सीखने का सिद्धान्त:

सुरेश भटनागर ने कहा कि, "सीखो, सीखो, सीखो...।"

घर से सीखो, समाज से सीखो, मित्र से सीखो, शत्रु से सीखो, सदैव सीखते रहो। वेदों में जीवन का शाश्वत मंत्र है - 'चरैवेति, चरैवेति' अर्थात् चलते रहो, चलते रहो।

चलते रहना गति है जीवन की। सीखते रहना भी गति है जीवन की। एक दूरी को कम करता है, दूसरा ज्ञान भंडार भरता है।

सीखना जीवन की सर्वोत्तम कला है। जो आप नहीं जानते, उसे जानना सीखना है, जो सीखते हैं उसे जीवन व्यवहार में लाना है। यह उपलब्धि है।

7. सीखने में प्रेरणा का योगदान:

नि:संदेह सीखने में प्रेरणा का बड़ा योगदान है। दुनिया का इतिहास ऐसे उदाहरणों से भरा पड़ा है जिसमें एक व्यक्ति ने दूसरे से प्रेरणा लेकर कुछ ऐसा कर दिखाया कि लोग भी कहने लगे - "गुरु, गुड़ और चेला चीनी"। अर्थात् शिष्य का शिक्षक के आदर्शों पर चलकर उनसे कई कदम

आगे निकलने की बात सामान्य है। प्लेटो, अरस्तू और सुकरात को कौन नहीं जानता? प्लेटो यूनान के महान् दार्शनिक सुकरात के शिष्य थे और अरस्तू के गुरु थे। सम्राट सिकंदर अरस्तू का शिष्य था। गुरु-शिष्य की यह श्रृंखला केवल यूनान के लिए ही नहीं अपितु पूरे विश्व के लिए एक प्रकाश स्तंभ था।

सुकरात की सीख और सफलता का रहस्य

एक बार एक व्यक्ति ने महान् दार्शनिक सुकरात से सफलता के रहस्य के बारे में पूछा, तो सुकरात बोले कि कल प्रात: स्नान के समय नदी के किनारे मिले तो ही वे इस सवाल का जवाब दे पाएंगे। तय स्थान पर वह व्यक्ति सुबह में पहुँचा तो सुकरात नदी की गहराई मापने का मन बनाकर उसे अपने साथ ले गए। गहराई में उन्होंने उस व्यक्ति का सिर जोर से पकड़ कर पानी में डुबा दिया। वह व्यक्ति छटपटाने लगा, हाथ-पैर मारने लगा और श्वांस के लिए जो भी हो सकता था किया, पर हार गया। जिंदगी हाथ से निकल ही रही थी, तभी बचा-खुचा अपना पूरा जोर लगाकर उसने सुकरात को धक्का दिया और पानी की सतह के ऊपर आ गया। वह सुकरात से हैरानीपूर्वक इस हरकत का कारण पूछता है। तो सुकरात कहते हैं कि, "सफलता का रहस्य यही है - किसी वांछित वस्तु को तीव्र इच्छा से चाहना, जैसे मरने वाला श्वांस की चाहत रखता है। यही सफलता का रहस्य है।" कहते हैं कि सुकरात की यह सीख उस व्यक्ति के लिए सफलता की सीढ़ी बन गई।

वस्तुत: प्रेरणा सीखने की रफ्तार कई गुना बढ़ा देता है। मरसेल ने लिखा कि "प्रेरणा यह निश्चित करती है कि लोग कितनी अच्छी तरह से सीख सकते हैं और कितनी देर तक सीखते रहते हैं।"

श्रीनाथ सिंह की एक कविता मेरे दिल के बड़ी करीब है। जिसमें वो प्रकृति से प्रेरणा लेकर कुछ-न-कुछ सीखने की बातें करते हैं। वो कुछ इस प्रकार है -

"फूलों से नित हँसना सीखो, भौंरों से नित गाना,
तरू की झुकी डालियों से नित, सीखो शीश झुकाना!
सीख हवा के झोंकों से लो, हिलना, जगत हिलाना,
दूध और पानी से सीखो, मिलना और मिलाना!
सूरज की किरणों से सीखो, जगना और जगाना,
लता और पेड़ों से सीखो, सबको गले लगाना!

वर्षा की बूँदों से सीखो, सबसे प्रेम बढ़ाना,
मेंहदी से सीखो सब ही पर, अपना रंग चढ़ाना!

मछली से सीखो स्वदेश के लिए तड़पकर मरना,
पतझड़ के पेड़ों से सीखो, दु:ख में धीरज धरना!
पृथ्वी से सीखो प्राणी की सच्ची सेवा करना,
दीपक से सीखो, जितना हो सके अँधेरा हरना!
जलधारा से सीखो, आगे जीवन पथ पर बढ़ना,
और धुँए से सीखो हरदम, ऊँचे ही पर चढ़ना।

अध्याय - 17

हौसलों की उड़ान

इतिहास साक्षी है कि जिन लोगों ने जीवन में जितना संघर्ष किया है, इतिहास में उसका मुकाम उतना ऊँचा रहा है। प्रेरणा के तौर पर आप उन सात महिलाओं को याद करें जिन्होंने मात्र 80 रुपये से पापड़ का बिजनेस शुरू किया था। उधार के पैसे से। शुरूआत में केवल चार पैकेट बेचे गए थे। तब शायद किसी ने सोचा भी न होगा कि उधार के 80 रुपये से शुरू हुआ यह पापड़ का बिजनेस करोड़ों का टर्न ओवर देगा।

कहीं मैंने पढ़ा था कि, "हाथ की लकीरों पर इतना भरोसा मत करना, यह सिर्फ सजावट बयां करती हैं। क्योंकि तकदीर तो उनकी भी होती है - जिनके हाथ नहीं होते।"

परों को खोल, ज़माना उड़ान देखता है,

ज़मी पे बैठ के, क्या आसमान देखता है?

-शकील आज़मी

"सपने वो नहीं जो नींद में आएं, सपने वो हैं जो नींद न आने दें।"

-डॉ. कलाम

देश के मिसाइल मैन डॉ. कलाम के जीवन पर लिखी गई किताब "अग्नि की उड़ान" वाकई में करोड़ों हिन्दुस्तानियों को सपनों का असली मतलब समझाती है। उन्होंने कहा था कि, "महान् सपने देखने वालों के सपने हमेशा पूरे होते हैं।" डॉ. कलाम के लिए अखबार बेचने से लेकर साइंटिस्ट बनने का का सफर बड़ा संघर्षपूर्ण था। ये तो 'हौसलों की उड़ान' थी कि महज 8 साल की उम्र में अखबार बेचने वाला लड़का गरीबी, लाचारी,

मजबूरी एवं असफलताओं से लड़ता हुआ भारत का मिसाइलमैन बन गया और यहीं नहीं रुका, बल्कि हौसलों की उड़ान ने उसे देश के सर्वोच्च पद पर 'राष्ट्रपति' के रूप में स्थापित कर दिया।

भारतीयों के लिए गर्व का विषय बने, नरेन्द्र मोदी का सफर भी आसान नहीं था। गुजरात के वडनगर में 17 सितम्बर 1950 को बेहद साधारण परिवार में जन्म लेने वाला बालक कई कठिन दौर से गुजरता हुआ 2014 में भारत का 14वां प्रधानमंत्री बन गया। चायवाले से प्रधानमंत्री तक का सफर 'हौसलों की उड़ान' का प्रत्यक्ष उदाहरण है।

दुनिया में सैकड़ों ऐसे उदाहरण हैं, जिसमें आप ऐसे महान् व्यक्तियों को पाएँगे जिसके पास न तो धन-दौलत थी, न स्रोत थे, न मूलभूत आवश्यकताओं की पूर्ति करने के साधन थे; पर एक सोच थी, एक सपना था और थी 'हौसलों की उड़ान' जिसके सहारे सफलता के वटवृक्ष पर जा पहुँचे। चाहे वो आइंस्टीन हों, एडीसन हों, न्यूटन हों या नेल्सन मंडेला और अब्राहम लिंकन जैसे राजनेता हों। किसी ने कहा था कि -

"मंजिल उन्हीं को मिलती है, जिनके सपनों में जान होती है,

पंखों से कुछ नहीं होता, हौसलों से उड़ान होती है।"

1. चार बुनियादी पहलू: डॉ. कलाम जीवन में अपने सपने को साकार करने के लिए चार बुनियादी पहलुओं को जरूरी मानते हैं -

1. लक्ष्य निर्धारण
2. सकारात्मक सोच
3. मन में स्पष्ट कल्पना (दृढ़ निश्चय)
4. आत्मविश्वास

ये चारों मूलभूत एवं बुनियादी पहलुओं के बिना आपका जीवन लक्ष्यहीन लड़ाकू विमान की तरह हो जाएगा, जो दुश्मन से ज्यादा खुद आपको अधिक क्षति पहुँचाएगा।

(i) लक्ष्य निर्धारण: असफल छात्र की सीख

एक बार मुझसे एक व्यक्ति मिले, वो अपने पुत्र की लगातार असफलता से आहत हो गए थे। मुझसे बोले कि स्नातक करने के बाद लगातार 15 सालों से विभिन्न प्रतियोगिता परीक्षाओं में सम्मिलित हो रहा है पर सफलता नहीं मिल रही है। अब तो उम्र भी निकलती जा रही है। मैंने उस लड़के से पूछा कि कौन सी परीक्षा की तैयारी कर रहे हो ? तो वो बोला कि पहले इंजीनियरिंग की तैयारी की थी, पर उसमें दिल नहीं लगा, तो बैंकिंग की तैयारी की। उसमें दो बार सम्मिलित

हुआ, पर सफलता नहीं मिली। फिलहाल कर्मचारी चयन आयोग (ssc) में लगा हूँ। देखता हूँ - होता है तो ठीक, नहीं तो लोकोमोटिव पायलट की तैयारी करूँगा।

मैं चौंक गया। क्योंकि वह छात्र दिशाहीन होकर अंधे व्यक्ति की तरह हर दिशा में मंजिल तलाश कर रहा था। उसे पता ही नहीं था कि जाना कहाँ है? और रास्ता कौन सा है?

तात्पर्य स्पष्ट है कि अर्जुन की तरह लक्ष्य निर्धारण की क्षमता होगी, तभी सफलता मिलेगी। अंधेरे में तीर चलाकर आप लक्ष्य नहीं भेद सकते। याद रखिए, जिंदगी अवसर देती है, पर अक्सर नहीं देती।

(ii) सकारात्मक सोच: एक बार लक्ष्य निर्धारण हो गया तो सकारात्मक सोच के साथ अग्रसर हो जाइए। फिर राह की मुश्किलें, लोगों की परवाह और हार का भय सब भूल जाइए। किसी ने क्या खूब कहा है-

"परिंदों को मिलेगी मंजिल यकीनन,
ये फैले हुए उनके पर बोलते हैं।
वो लोग रहते हैं खामोश अक्सर,
जमाने में जिनके हुनर बोलते हैं।"

सकारात्मक सोच की ताकत

मिट्टी की सीख

एक कुम्हार मिट्टी को गूँथकर एक आकार दे रहा था। तभी उसका मित्र आ गया और उसने पूछा कि ये तुम क्या बना रहे हो? तो कुम्हार बोला कि चिलम बना रहा हूँ। दस दिन बाद मेला लगेगा तो उसमें खूब बिकेगा।

यह सुनकर उसका दोस्त बोला कि सुराही क्यों नहीं बनाते? गर्मियाँ आ रही हैं। खूब माँग रहेगी और आमदनी भी अच्छी होगी। यह सुनकर कुम्हार ने पुराने आकार को तोड़कर दोबारा मिट्टी गूँथनी शुरू कर दी और नए आकार का साँचा बनाना शुरू कर दिया।

इस बार मिट्टी ने पूछा - ये क्या किया, चिलम तोड़ क्यों दी? अब क्या करोगे?

कुम्हार बोला - मैंने अपनी सोच बदल दी है। अब चिलम नहीं, सुराही बना रहा हूँ।

ये सुन मिट्टी खुशी से बोली कि तुमने तो केवल सोच बदली है, मेरी तो जिंदगी बदल गई। कहाँ चिलम बनकर गले को तपाती और दूसरों को गर्मी बाँटती रहती, पर सुराही बनकर खुद भी शीतल रहूँगी एवं लोगों को भी शीतलता प्रदान करूँगी।

बात भी सही है - सोच में अद्भुत ताकत है। यह मनुष्य को एवरेस्ट की ऊँचाई दे सकती है या फिर जीवन को गर्त में डाल सकती है। यह आप पर निर्भर है कि सोच कैसी रखनी है और कहाँ जाना है।

(iii) दृढ़ निश्चय: एक विचारगोष्ठी में मैंने बड़ी प्रेरक पंक्तियाँ सुनी थी जो इस प्रकार हैं -

"रास्ते कितने भी कठिन हों, हम डगमगाते नहीं,
खुद पता देती है मंजिल, तूफानों से हम घबराते नहीं।
जीत हौसलों से होती है, बातों से नहीं,
लक्ष्य दृढ़-निश्चय से मिलता है, कमज़ोर इरादों से नहीं।"

आपके इरादे में दम हो और दृढ़-निश्चय, विश्वास हो तो हौसलों की उड़ान सफलता के दरवाजे खोल देती है। आपने 'माउण्टेनमैन दशरथ मांझी' का नाम सुना ही होगा, जिसके दृढ़ निश्चय, विश्वास ने पर्वत को झुकने के लिए बाध्य कर दिया। एक इंसान ने पर्वत को ललकारा और कहा - "जब तक तोड़ेंगे नहीं, तब तक छोड़ेंगे नहीं।"

(iv) आत्म-विश्वास: अगर आपके पास ज्ञान है, हौसला है, ऊर्जा है, पर आत्म-विश्वास नहीं तो कुछ भी नहीं है। यह सकारात्मक क्रिया का आधार स्तंभ है। इसमें थोड़ी भी कमी आपके व्यक्तित्व को कमज़ोर कर सकती है।

आत्म-विश्वास विहीन अद्भुत छात्र

एक बार पटना के कोचिंग में मैं सेमिनार कर रहा था। उस साल के बिहार प्रशासनिक सेवा में वहाँ के तीन छात्र चयनित हुए थे। किंतु आश्चर्यजनक रूप से मैं उस छात्र को देख रहा था, जो सेमिनार में तीनों सफल छात्रों से ज्यादा तेज प्रतीत हो रहा था। मैंने उससे उसके बारे में पूछा तो पता चला कि वो लगातार तीन बार से साक्षात्कार में असफल हो जा रहा था। जबकि उसे अपने विषय पर तीनों सफल छात्रों से ज्यादा पकड़ थी। मैंने एक विषय पर उससे चर्चा शुरू की तो क्या पाता हूँ कि उसके सारे आँकड़े, विषय पर पकड़ और प्रस्तुति सब शानदार थी, पर अगर आप उससे उसकी बातों पर या आँकड़ों पर संदेह करते हैं तो वह घबरा जाता है और फिर शायद....!!! दोबारा देखना पड़ेगा...!!! नहीं... नहीं....यही सही है...!!! जैसे शब्द बोलकर अपने आत्म-विश्वास की नैय्या डुबा देता था। और यही वजह थी कि वह लगातार तीन साक्षात्कारों में असफल रहा।

कुछ लोग आपको ऐसे भी मिलेंगे जो झूठा दावा डंके की चोट पर करेंगे और आप भी उस व्यक्ति के आत्म-विश्वास के सामने नत-मस्तक होकर हाँ में हाँ मिलाने लगेंगे। इस एक आत्म-विश्वास की कमी आपको सफलता की राहों से दूर खड़ी कर देगी।

2. हौसलों को कैसे जगाएँ? : यह बात कुछ अजीब लगती है कि हमें भगवान ने समान रूप से सारी ज्ञानेन्द्रियाँ दी हैं, कर्मठता दी है पर कुछ लोग जीवन के सर्वोच्चतम शिखर तक पहुँच जाते हैं एवं कुछ लोग जीवन की दौड़ में फिसड्डी साबित होते हैं। उन्हें हर बार प्रेरणा की जरूरत होती है। हौसलों की जरूरत होती है। जबकि ये सामान्य रूप से सबमें होती है। बस आज़माने की जरूरत होती है। इसके लिए इन बातों पर ध्यान दें:-

1. सकारात्मक विचारधारा और बुद्धिजीवी लोगों की संगति रखें।
2. संतुलित रिस्क लेने से न घबराएँ।
3. सफल व्यक्तियों की जीवनी पढ़ें।
4. इतिहास के पन्नों पर महान व्यक्तियों की संघर्ष गाथा पढ़ें।
5. अंत:प्रेरणा जागृत रखें।

इतिहास साक्षी है कि जिन लोगों ने जीवन में जितना संघर्ष किया है, इतिहास में उसका मुकाम उतना ऊँचा रहा है। प्रेरणा के तौर पर आप उन सात महिलाओं को याद करें जिन्होंने मात्र 80 रुपये से पापड़ का बिजनेस शुरू किया था। उधार के पैसे से। शुरूआत में केवल चार पैकेट बेचे गए थे। तब शायद किसी ने सोचा भी न होगा कि उधार के 80 रुपये से शुरू हुआ यह पापड़ का बिजनेस करोड़ों का टर्न ओवर देगा। दुनिया के 20 से ज्यादा देशों में यह -लिज्जत पापड़' ब्राण्ड के तौर पर उभरा है।

भारत में बाटा की कहानी काफी दिलचस्प है। साल 1920 में थॉमस बाटा जो मूल रूप से ब्रिटेन के थे, वो भारत दौरे पर आए थे। उन्होंने ज्यादातर भारतीयों को नंगे पैर चलते देखा। उन्हें इसमें व्यापार का अवसर दिखा। साल 1931 में उन्होंने 'बाटा शू कंपनी प्राइवेट लिमिटेड' की शुरूआत की। भारत में इतना अच्छा रिस्पांस मिला कि यह पूरे मार्केट में छा गई। आज अरबों के टर्न ओवर के साथ करोड़ों का भरोसा बन गई है - बाटा।

इसलिए कहते हैं कि अवसर कई बार मिलते हैं लेकिन ऐसा मौका एकाध बार ही मिलता है, बार-बार नहीं। बस हौसलों को जागृत रखें, रिस्क लेने से पीछे न हटें। फिर देखना घड़ी औरों की होगी और समय आपका।

कभी हौसला पस्त हो तो 'सोहन लाल द्विवेदी' की इन प्रेरणादायी पंक्तियों को जरूर दोहराएँ:

जब तक सफल न हो, नींद चैन को त्यागो तुम,
संघर्षों का मैदान छोड़ मत भागो तुम।
कुछ किये बिना ही, जय-जयकार नहीं होती,
कोशिश करने वालों की कभी हार नहीं होती।।

अध्याय - 18

जीवन प्रबंधन

विकास के इस दौर में मनुष्य एक संसाधन के रूप में उभर कर सामने आया है। मानव असीमित ऊर्जा का भंडार है। यही कारण है कि आज का मानव चाँद, मंगल और वृहस्पति तक ही नहीं पहुंचा, बल्कि सूर्य कि सतह तक पहुँचने की जिद्द पर अड़ा है। तात्पर्य यह की मानवीय क्षमता को संसाधन के तौर पर प्रयोग करते हुए उच्चत्तम लक्ष्य को प्राप्त करने की संभावना को ही ऊर्जा प्रबंधन कहते हैं।

एक पुरानी कहावत है -

"पहला सुख - निरोगी काया,
दूजा सुख - घर में हो माया।

तीजा सुख - कुलवंती नारी,
चौथा सुख - पुत्र हो आज्ञाकारी।

पंचम सुख - स्वदेश में वासा,
छठा सुख - राज हो पासा।

सातवा सुख - संतोषी जीवन,
ऐसा हो तो धन्य है जीवन।"

तात्पर्य यह है कि सुखी जीवन के लिए स्वास्थ्य, धन, परिवार, अपनों का साथ, संतोष - ये सब अनिवार्य तत्व हैं। इन सबों कि प्राप्ति एक साथ हो जाये तो ज़िन्दगी अपने सफलता के पराकाष्ठा पर पहुँच जाती है।

ज़िन्दगी कि रफ़्तार से समय, स्वास्थ्य, धन, तनाव मुक्त क्षण एवं ख़ुशी कि घड़ियाँ निकाल लेने को ही जीवन प्रबंधन कहते हैं।

1. जीवन प्रबंधन के आधार तत्व

आप बड़े भाग्यशाली हैं जो लाखों -करोड़ों जीवों में सबसे ज्यादा बुद्धिमान, विवेकशील, संवेदनशील एवं प्रगतिशील प्राणी अर्थात मानव के रूप में अवतरित हुए हैं। इस अमूल्य मानव जीवन को जाया नहीं किया जा सकता है। जिस तरह से हमारे पूर्वजों ने हमें सुन्दर संस्कृति विरासत में दी है, मनोरम जंगल, सतरंगी फल-फूल, सजे-धजे बाग-बगीचे, नदी-झरने आदि दिए हैं। उन्हें न हमें सिर्फ कायम रखना है, बल्कि इसमें और इज़ाफ़ा करना है ताकि हमारी आने वाली पीढ़ियां हम पर गर्व कर सकें। इस जीवन को सुखदायी बनाने के लिए हमारे पूर्वजों ने अनवरत मेहनत से बिजली, उन्नत यातायात, मनोरंजन के साधन, अद्भुत मशीन और मेडिकल साइंस में अप्रत्याशित काम किया। जीवन आज अपने सबसे आरामदायक दौर में है, पर अगर सही तरीके से जीवन प्रबंधन न किया जाये तो पूरी ज़िन्दगी अस्त-व्यस्त हो जाएगी। जीवन कि गाड़ी सफलतापूर्वक समय के पटरियों पर दौड़ती रहे उसके लिए हमें इन चार तत्वों के प्रबंधन पर कार्य करना होगा।

समय प्रबंधन

स्वास्थय प्रबंधन

ऊर्जा प्रबंधन

धन प्रबंधन

उपर्युक्त चार तत्वों के सामंजस्य से जीवन प्रबंधन सरल और सुगम हो जाती है। इन चारों पर हम संक्षिप्त चर्चा करते हैं।

(i) समय प्रबंधन : यह समय के सदुपयोग पर निर्भर करता है। दुनियां बहुत तेजी से बदल रही है और अगर समय के साथ ज़िन्दगी का सामंजस्य स्थापित न हो पाया तो सम्पूर्ण जीवन अस्त-व्यस्त हो जायेगा।

दुनियां के महान लोगों के इस विषय में विचार ध्यान देने योग्य है -

अमीर लोग समय में निवेश करते हैं और गरीब लोग धन में निवेश करते हैं।

-वारेन बफेट

दुनियां बहुत तेज़ी से बदल रही है, अब बड़े छोटे को नहीं हरा पाएंगे, बल्कि तेज-सुस्त को हराएंगे।

-रुपर्ट मरडॉक

आप कैसे कह सकते हैं की आपके पास पर्याप्त समय नहीं है? आपके पास एक दिन में उतने ही घंटे हैं -जितने हेलेन केलर, लुई पाश्चर, माइकेल एंजेलो, मदर टेरेसा, लियोनार्डो डा विंची थॉमस जेफ़र्सन और अल्बर्ट आइंस्टीन के पास थे।

-एच जैक्सन ब्राउन

समय आपके जीवन का सिक्का है। यह आपके पास मौजूद इकलौता सिक्का है और सिर्फ आप ही यह तय कर सकते हैं की इसे कैसे खर्च किया जाये। सतर्क रहें, वरना आपके बजाये दूसरे लोग इसे खर्च कर देंगे।

-कार्ल सैंडवर्ग

आधुनिक औद्योगिक युग की सबसे बड़ी खोज वाष्प का इंजन नहीं, बल्कि घडी है।

-लुइस मम्फोर्ड

अगर आप नहीं तो फिर कौन? अगर अभी नहीं तो फिर कब? कई बार सवाल-जवाबों से ज्यादा महत्वपूर्ण होते हैं।

-नैंसी विलार्ड

आप इस पृत्वी के एक मात्र व्यक्ति हैं, जो अपनी योग्यता का इस्तेमाल कर सकता है।

-ज़िंग जिग्लर

अमीर बनने का मतलब है पैसा होना और बेहद अमीर होने का मतलब है समय होना।

-मार्गेट बोननो

बुरी खबर है की समय उड़ता है, अच्छी खबर है की आप इसके पायलेट हैं।

-माइकल अल्थसुलर

आलसी शिष्य की कहानी

एक आश्रम में करीब 20 छात्र गुरुकुल परम्परा का निर्वाह करते हुए विद्या अर्जन कर रहे थे। सब बड़े ही काबिल और होनहार थे। समय के साथ वो और प्रतिभावान होते जा रहे थे। पर गुरूजी अपने एक शिष्य से बड़े परेशान थे। वो हर एक पाठ को कल पर टालता रहता की

कल कर लूंगा-आज थोड़ा आराम कर लूँ, इतनी जल्दी क्या है? एक दिन बैठूंगा तो सारे पाठ कंठस्थ हो जायेंगे। व्यर्थ रोज़ - रोज़ सर खपाने से अच्छा है की एक दिन में सारे काम कर लो।

इस तरह वह समय व्यतीत कर रहा था। गुरु की किसी बात का उसपर कोई प्रभाव नहीं होता। एक दिन गुरु जी ने उसे समय का मूल्य समझाने के लिए एक तरकीब निकाला। उसे अपने पास बुलाया और बोले - बेटा! मैं सात दिनों के लिए अपने रिश्तेदार के यहाँ जा रहा हूँ। अब तुम्हारे छात्र जीवन के तीन दिन शेष रह जाते हैं चूकि सारे पाठ मैंने अपनी तरफ से समाप्त करा दिए हैं। तुम ज्यादा से ज्यादा पढ़ाये पाठ पर ध्यान दो। अब तुम गृहस्थ जीवन में प्रवेश करने जा रहे हो, पर मुझे डर है की इस दौड़ में तुम पीछे न रह जाओ, क्यूंकि तुमने विद्यार्थी जीवन का अधिकांश समय आलस्य के कारण जाया कर दिया है। खैर, तुम्हारे पास जीवन सवारने का एक और मौका है। ये लो पारस मणि पत्थर। जंगल से लकड़ियां लाकर शहर में बेच लाना और उस पैसे से लोहा खरीदते जाना और जितना हो सके उतना सोना अपने आने वाले जीवन के लिए बनाते जाना। वापस लौटकर आते ही यह पत्थर मुझे लौटाना होगा। यह कहकर गुरु जी ने शिष्य को पारस मणि पत्थर दे दिया और सात दिनों के लिए रिश्तेदार के घर चले गए।

शिष्य अत्यधिक प्रसन्न था की उसे बैठे- ही -बैठे कुबेर की संपत्ति हाथ लग गयी थी। पर उसने सोचा की अभी तो सात दिन है। पांच दिन आराम कर लूँ -गुरु जी भी नहीं हैं और कोई पाठ भी नहीं पढ़ाया जायेगा, तो छुट्टी के इस अवसर का लाभ उठाया जाये। उसने सोचा की पांच दिन आराम करेगा, छठे दिन जंगल से ढेर सारी लकड़ियां लाकर शहर में बेच आएगा और वहां से बहुत सारा लोहा लाकर अत्यधिक मात्रा में सोना बना लेगा।

पांच दिन उसने खूब आराम किया एवं छठे दिन जंगल के लिए निकलने की तैयारी कर रहा था, पर उसे लगा की इतने तड़के जंगल जाना ठीक नहीं है, अभी सारा दिन पड़ा है दोपहर को निकलूंगा। दोपहर तक मौसम बहुत ख़राब हो गया था, तो उसने अगले दिन सुबह जंगल जाने का निश्चय किया। आज सातवां और आखिरी दिन था जब वह धनवान बनने के मौके का फायदा उठा सकता था। पर यह क्या? सारा दिन मौसम ख़राब रहा और तेज आंधी-पानी ने दिन को अंधेरों से ढंक रखा था। इस तरह सातवां और आखिरी दिन भी यूँ ही निकल गया।

अगले दिन तड़के सुबह गुरु जी भी आ गए एवं पारस पत्थर वापस ले लिया। छात्र फूट -फूट कर रो रहा था, एक-एक दिन सोना जैसा कीमती था और उसके पास हर घंटे को सोना में तब्दील करने की चाबी थी, पर व्यर्थ ही सारा समय आलस्य में चला गया।

सच में हमें विधाता ने हर दिन 86,400 क्षण (सेकण्ड्स) दिए हैं। जिसमे हम अपने ज़िन्दगी की कहानी लिख सकते हैं। पर यह व्यर्थ ही गवां दिया जाता है और दिन के अंत में हमारे पास कुछ नहीं बचता। ये क्रम पूरी ज़िन्दगी चलता रहता है।

समय को गवां देने में इन कारको का बड़ा योगदान है -

- व्यर्थ की चिंता
- हर बात को कल पर टालने की आदत (आलस्य)
- ठोस कार्य योजना की कमी
- दूरदृष्टि और दूरगामी सोच का अभाव
- नकारात्मक प्रवृति
- गलत लोगों की संगति
- सोशल मीडिया और मोबाइल का दुरूपयोग
- देर रात तक जागना और सुबह देर से उठने की बुरी आदत

समय का कुप्रबंधन हमें हमारी ज़िन्दगी से वो सब छीन लेता है, जिससे ज़िन्दगी की गाड़ी वक्त के पटरियों पे संतुलित होकर दौड़ सकती है। किसी ने कहा भी है की "समय और समुद्र की लहरें किसी का इंतज़ार नहीं करती।" समय बीत जाने के बाद पश्चाताप के अलावा कुछ नहीं बचता।

राष्ट्रकवि श्री रामधारी सिंह 'दिनकर' ने बहुत सही लिखा है की -

"रात यों कहने लगा, मुझसे गगन का चाँद,
आदमी भी क्या अनोखा जीव होता है!
उलझने अपनी बनाकर, आप ही फंसता,
और फिर बेचैन हो जगता न सोता है।"

तात्पर्य स्पष्ट है की आदमी समय रूपी वाहन का पायलट है। उसे इस वाहन को मनमुताबिक ढंग से मनोवांक्षित दिशा में ले जाने का पूरा अधिकार है। यह हमपर निर्भर है की हम, हमारे हिस्से के समय का सोना बनाते हैं या राख बनाते हैं।

समय प्रबंधन हेतु ध्यान देने योग्य बातें -

- लक्ष्य निर्धारण एवं भविष्य चिंतन
- सधी हुयी कार्य सूचि
- ठोस कार्य योजना

- प्रगति की समीक्षा
- फीडबैक पद्धति पर जोर
- *5 S* पद्धति का जीवन में ज्यादा से ज्यादा उपयोग

क्या है *5S* और इसका जीवन में उपयोग कैसे करें?

यह एक जापानी कार्य पद्धति है जिसके माध्यम से वर्क स्पेस और वर्क फ्लो का प्रबंधन करते हुए कुशल कार्य योजना अपनाकर समय की बचत करते हुए अपनी उत्पादकता एवं गुणवत्ता बढ़ा सकते हैं। सर्वप्रथम 1980 में जापान की मनुफेक्चरिंग कंपनी 'टोयोटा' ने 5S का सिद्धांत दिया था। ये सभी S इस प्रकार हैं :-

S 1 (sort) छंटाई : कार्य स्थल पर आवश्यक और अनावश्यक सामानों की सूचि बनाकर उनका सही तरीके से निस्तारण ही S1 है। ताकि भविष्य में इसे ढूंढने में समय की बर्बादी से बचा जा सके।

S 2 (Set in Order) सुसज्जित करना : आवश्यक एवं उपयोगी सामानों को निश्चित एवं निर्धारित स्थान पर रखकर हम जरुरत के समय आइटम को ढूंढने में लगने वाले अनावश्यक ऊर्जा और समय से बच सकते हैं।

S 3 (Shine) स्वच्छता : उपकरण की नियमित साफ-सफाई एवं उचित रख -रखाव से ब्रेक डाउन के रूप में होने वाले अतिरिक्त खर्च और समय की क्षति से बचा जा सकता है।

S 4 (Standardize) मानकीकरण : हर क्रिया -कलाप का एक उचित मानदंड बनाकर S1 से S3 की एक्टिविटी को सरल और सुगम बना सकते हैं ताकि उत्पादकता और गुणवत्ता बढ़ाई जा सके।

S 5 (Sustain) स्व-अनुशासन : अगर कार्य स्थल पर उपस्थित सारे लोग अनुशासित होंगे तो S1 से S4 की एक्टिविटी सही तरीके से सम्पादित होगी और संस्था के साथ -साथ काम में लगे लोगों का भी विकास होगा।

5S की पद्धति अपनाकर बहुत सारी संस्थाओं ने सफलता के नए आयाम गढ़े हैं और आज दुनिया की सर्वश्रेष्ठ कंपनियों के पास यह एक अचूक औज़ार है, जिससे वो उत्पादकता एवं गुणवत्ता बढ़ा सकते हैं। समय और ऊर्जा की भी पर्याप्त मात्रा में बचत होती है।

समय प्रबंधन के फायदे -

- यह आपको समय का पाबंद और अनुशासित बनाता है।

- आप, आपका परिवार एवं समाज और आपकी टीम ज्यादा संगठित हो जाती है।
- आपका आत्म-विश्वास और मनोबल बढ़ता है।
- लक्ष्य एवं उद्देश्यों की पूर्ति सरलता से होती है।
- तनाव, अवसाद, चिंता से मुक्ति मिलती है।
- आप में नेतृत्व क्षमता का विकास होता है।

(ii) स्वास्थ्य प्रबंधन

उपनिषद में कहा गया है की -"सर्वे भवन्तु सुखिन, सर्वे भवन्तु निरामया:"

अर्थात सभी खुश एवं निरोगी रहें।

इस विषय में महान लोगों के वक्तव्य इस प्रकार हैं -

स्वस्थ नागरिक किसी देश के लिए सबसे बड़ी संपत्ति होते हैं।

-इंस्टाल चर्चिल

अच्छा स्वास्थ्य और अच्छी समझ जीवन के सबसे महान वरदान हैं।

-पाब्लियस साईरस

अगर धन खो दिया तुमने तो कुछ नहीं खोया, अगर स्वास्थ्य खो दिया तो अवश्य कुछ खो दिया है।

-फ्रांसिसी लोकोक्ति

आज हर तीन में से एक व्यक्ति अवसाद, चिंतन, डयबिटीज, हाई शुगर एवं बढे हुए ब्लड प्रेशर का शिकार है। वर्क प्लेस पर बढे हुए टारगेट को अचीव करने का प्रेशर है। बच्चों की पढ़ाई, घर का सपना, महंगाई, बैंक का लोन, पारिवारिक कलह-ये सब स्वास्थ्य को हद से ज्यादा प्रभावित करते हैं। किसी भी विषय पर अत्यधिक चिंतन आपकी शारीरिक दशा को अप्रत्याशित रूप से ख़राब कर सकती है। पिछले कुछ सालों में लोगों के बीच नौकरी खोने का डर, व्यवसाय में घाटा और जिंदगी की सलामती के प्रति शंका ने तेजी से जन्म लिया है। खासकर कोरोना की त्रासदी के बाद दुनिया में अलग तरह का माहौल पैदा हुआ है। स्वास्थ्य प्रबंधन की आवश्यकता जितनी अभी महसूस की जा रही है, उतनी कभी नहीं थी। कई लोग ऐसे भी हैं जो अपनी सैलरी का बड़ा हिस्सा दवाइयों पर खर्च करते हैं। यह आज का दौर है जब योग, एक्सरसाइज और स्वास्थ्य के प्रति जागरूकता अपने चरम पर है।

अच्छे स्वास्थ्य के लिए इन बातों की गांठ बांध लें -

सुबह जल्दी उठें: अंग्रेजी में एक प्रसिद्ध कहावत है की "Early to bed and early to rise makes you healthy and wise" अर्थात रात को जल्दी सोना और सुबह जल्दी उठना, इंसान को स्वस्थ और समझदार बनाती है।

सुबह उठने के बाद नियमित रूप से 3 से 4 ग्लास हल्का गर्म पानी पियें।

4 से 5 किलो मीटर पैदल चलें, हो सके तो हरी घास पे नंगें पाव चलें।

नियमित रूप से 30 मिनट्स का योग करें।

हेल्दी नास्ता लें, नास्ते में दूध, फल, सलाद, अंडे, पनीर को शामिल करें। अंग्रजी में एक कहावत भी है की "An Apple a Day Keeps the Doctor Away" अर्थात प्रति दिन एक सेव आपको डॉक्टर से दूर रखता है। हरी शाक-सब्जी से जयादा लें।

6 से 8 घंटे की भरपूर नींद लें।

बातें जो आपके स्वास्थ्य को प्रभावित करती हैं -

हद से ज्यादा चिंता :

कहा भी गया है की चिंता व चिता सामान है। अत: अत्यधिक चिंतन से बचें और कुछ समय पर भी छोड़ दें। समय के साथ बहुत सारी समस्याएं स्वत: समाप्त हो जाती हैं या उसकी तीव्रता कम हो जाती है।

देर रात्रि तक जागना :

सोशल मीडिया और मोबाइल के कुप्रभाव से बचें। ये आज - कल लोगों को डिप्रेशन , अवसाद, कुंठा एवं अनेक मनोरोग से ग्रस्त कर रहा है। खासकर देर रात्रि तक इनका उपयोग न करें। हो सके तो रात्रि में 10 बजे के बाद किसी भी कार्य के लिए जागना छोड़ दें।

तुरंत प्रतिक्रिया से बचें :

किसी की बातों से तुरंत ही उत्तेजित न हों, अगर बात आपके अनुकूल न हो तो थोड़ा ठन्डे दिमाग से सोचे एवं तुरंत प्रतिक्रिया से बचें। हो सके तो ऐसे बातों का जवाब एक हलके मुस्कान के साथ दें।

अपनी तुलना दूसरे की परिस्थिति से न करें :

अपनी या अपने बच्चों की तुलना पड़ोस के बच्चों से या अपने जानकर के बच्चों से न करें। यह मानसिक पीड़ा का ही कार्य करेगा। अमुक का लड़का आगे बढ़ गया या किसी प्रतियोगिता

में सफल हो गया, ये सोचकर आप अपने बच्चे पे व्यर्थ ही दवाब बना रहे हैं। ये सोच व्यर्थ का तनाव और अवसाद जन्म देता है 1जबकि सबकी क्षमता एवं संभावनाएं अलग-अलग है। देर-सबेर सब लोग अपने लक्ष्य तक पहुँच ही जाते हैं। हिंदी का एक प्रसिद्ध दोहा भी है की:

"कारज धीरे होत है, काहे होत अधीर,

समय पाए तरुवर फलै, केतक सींचो नीर"

तात्पर्य स्पष्ट है कि धैर्य मत खो, तुम्हारे कार्य का फल उचित समय पर ही मिलेगा।

(iii) ऊर्जा प्रबंधन :

विकास के इस दौर में मनुष्य एक संसाधन के रूप में उभर कर सामने आया है। मानव असीमित ऊर्जा का भंडार है। यही कारण है कि आज का मानव चाँद, मंगल और वृहस्पति तक ही नहीं पहुंचा, बल्कि सूर्य कि सतह तक पहुँचने की जिद्द पर अड़ा है। तात्पर्य यह की मानवीय क्षमता को संसाधन के तौर पर प्रयोग करते हुए उच्चत्तम लक्ष्य को प्राप्त करने की संभावना को ही ऊर्जा प्रबंधन कहते हैं।

राष्ट्रकवि रामधारी सिंह "दिनकर" ने मानवीय ऊर्जा की भरपूर क्षमता पर लिखा भी है की -

"है कौन विघ्न ऐसा जग में, टिक सके आदमी के मग में ?
ख़म ठोंक ठेलता है जब नर, पर्वत के जाते पाऊँ उखड,

मानव जब जोर लगाता है, पत्थर पानी बन जाता है,
गुण बड़े एक- से -एक प्रखर, छीपे मानवों के भीतर,

मेहंदी में जैसे लाली हो, वर्तिका बीच उजियाली हो,
बत्ती जो नहीं जलाता है, रोशनी नहीं वो पाता है।"

"ऊर्जा प्रबंधन के दो मजबूत टूल"

हम लोग अपनी क्षमताओं को या तो जानते नहीं हैं या जानते हैं तो उसका बहुत ही कम भाग उपयोग में ला पाते हैं। आपका दिमाग औसतन प्रतिदिन कुल उत्पन्न ऊर्जा का 20 % सोख लेता है और एक सामान्य आदमी पूरी ज़िन्दगी में अपने दिमागी क्षमता का 2 % ही प्रयोग कर पाता है। जो महान लोग हुए या जिन्होंने बड़ी खोजों को अंजाम दिया वो लोग भी अपनी दिमागी क्षमता का 10 % ही प्रयोग कर पाते हैं। मस्तिष्क की मेमोरी पावर (डाटा को स्टोर करने की क्षमता) 2.5 पेटा बाइट मतलब की 1,048,576 गीगा बाइट्स है। जो किसी भी अत्याधुनिक उपलब्ध

उपकरण से कई लाख गुणा ज्यादा है। पर हम अपनी निष्क्रियता और उदासीनता की वजह से इस बेहतरीन हथियार को आंशिक रूप से भी प्रयोग नहीं कर पाते। ज्यादातर लोग ज़िन्दगी को टालते रहते हैं - आज, कल, परसों और फिर पूरी ज़िन्दगी ऐसे ही गुज़र जाती है। एक विचारक ने कहा था कि "लोग मरते बहुत पहले हैं और दफनाए बहुत बाद में जाते हैं।"

आप चाहें तो ऊर्जा प्रबंधन के लिए दो टूल पर काम कर सकते हैं। ये कम समय और कम संसाधनों में बेहतर परिणाम देते हैं।

- **आकर्षण का सिद्धांत (Law of attraction)**
  - 80/20 प्रिंसिपल (Pareto principle)

- **आकर्षण का सिंद्धांत (law of attraction):**

"यह जैसा सोचोगे --- वैसा करोगे --- और ऐसा ही पाओगे" के सिद्धांत पर कार्य करती है। आप दुनियाँ को अपने विचारों एवं कर्मो से जितना देंगे, बदले में ब्रह्माण्ड की शक्तियां आपको उतना ही वापस करेंगी। आप जितना ऊर्जावान होंगे, सकारात्मक विचारधारा वाले होंगे-बदले में वैसे ही लोग आपसे मिलकर उतनी ही मात्रा में सारी ऊर्जा -सफलता, ख़ुशी, जीत एवं विकास के रूप में आपको वापस करेंगी।

इसलिए अपनी ऊर्जा को सदा अच्छे कार्यों में एवं सही दिशा में लगाएं ताकि परिणाम भी बेहतरीन हो। सदी के महान साइंटिस्ट 'न्यूटन' ने भी कहा था की -

"जब दो वस्तु एक दूसरे पर पारस्परिक प्रभाव डालते है, तब पहले वस्तु के द्वारा दूसरे वस्तु पर लगाए जाने वाले बल को क्रिया और दूसरे वस्तु द्वारा पहले वस्तु पर लगाए जाने वाले बल को प्रतिक्रिया कहते है। यह क्रिया और प्रतिक्रिया एक दूसरे के समान और विपरीत होते है।"

- ***80 /20 का सिद्धांत*** :

इस सिद्धांत का प्रतिपादन महान इटालियन इकोनॉमिस्ट विल्फ्रेडो परेटो ने 1897 में किया था। यह सिद्धांत कहता है की "आपके 80 % परिणाम केवल आपके 20 % मेहनत से मिलता है।" और यह सिद्धांत हर क्षेत्र में समान रूप से कार्य करती है।

उदहारण के तौर पर आप यह समझ सकते हैं की -

- 80 % फसल केवल 20 % जमीं से उगती है।
- 80 % ऊर्जा की खपत केवल 20 % कार्यो में होती है।
- 80 % जमीन केवल 20 % लोगों के पास है।
- 80 % लोगों के पास केवल 20 % पैसा है।

- 80 % इनकम केवल 20 % ग्राहकों से होती है।

80 /20 का सिद्धांत हमें यह बताता है की हम उन कार्यों पर क्यों ध्यान दे जिसपर 80 % ऊर्जा और समय की खपत करके केवल 20 % ही परिणाम की प्राप्ति होती हो। बल्कि हमें उन कार्यों पर, प्रोजेक्ट्स या प्रपोजल पर ध्यान देना चाहिए जिसमे 20 % इनपुट देकर 80 % आउटपुट की प्राप्ति होती हो।

याद रखिये -

आपके 20 % ग्राहक ही आपके बिज़नेस प्रॉफिट का 80 % हिस्सा होंगे।

बाकि के 80 % पर फोकस करते हुए आप केवल 20 % रिजल्ट ही पाएंगे।

अर्थात कम समय, कम ऊर्जा एवं कम मेहनत के साथ अधिकतम परिणाम की प्राप्ति के लिए 80 /20 प्रिंसिपल पर अवश्य काम करें।

(iv) *धन प्रबंधन*

सही में कहा जाये तो स्वास्थ्य, समय और ऊर्जा ही सर्वोत्तम धन है। अगर आपने इन तीनों में सामंजस्य बना लिया तो बेहिचक आप महानता की श्रेणी के दावेदार होंगे। बहुत कम ही लोग हैं जो एक साथ इन तीनों को प्रबंधन की सोचते हैं या करते हैं। पर सच तो यही है की स्वास्थ्य और ऊर्जा समय के हिसाब से बदलते रहते हैं। पर दैनिक दिनचर्या को सही तरीके से एवं सधे तरीके से प्रयोग में लाते हुए हम बहुत हद तक इन तीनों को एक सफलतम बिंदु पर ला सकते हैं।

जीवन प्रबंधन कुछ इस तरह का होना चाहिए की -

मेहनत मज़दूरों की तरह करो और सपने राजाओं की तरह रखो।

सफलता में सरल हो जाओ और विपदा में विनम्र रहो।

रोज़ उठो ऐसे की आज आखिरी दिन हो, काम उतना कर लो जितना मुमकिन है।

हासिल इतना कर लो की मां-बाप की झोली भर जाये,

जो द्वार पर आये वो लौटते समय मुस्कराते हुए जाये।

ऋणि रहो देश और समाज के, जिन्होंने रखा है आज तक तुम्हे संभाल के।

खुशियां और शीतलता फैलाओ, यही देवों का वंदन है।

समय के साथ चलना, यही जीवन प्रबंधन है।

समाप्त